会议实务

职 业 教 育 文 秘 专 业 教 学 用 书

主 编 金炳良

华东师范大学出版社
·上海·

图书在版编目（CIP）数据

会议实务／金炳良主编.—上海：华东师范大学出版社，2014.9
ISBN 978-7-5675-2625-9

Ⅰ.①会… Ⅱ.①金… Ⅲ.①会议—组织管理学 Ⅳ.①C931.47

中国版本图书馆CIP数据核字（2014）第232317号

会议实务

职业教育文秘专业教学用书

主　　编　金炳良
责任编辑　李　琴
版式设计　徐颖超
封面设计　冯　笑

出版发行　华东师范大学出版社
社　　址　上海市中山北路 3663 号　邮编 200062
网　　址　www.ecnupress.com.cn
电　　话　021-60821666　行政传真 021-62572105
客服电话　021-62865537　门市(邮购)电话 021-62869887
地　　址　上海市中山北路 3663 号华东师范大学校内先锋路口
网　　店　http://hdsdcbs.tmall.com

印 刷 者　常熟市文化印刷有限公司
开　　本　787 毫米×1092 毫米　1/16
印　　张　8.5
字　　数　176 千字
版　　次　2015 年 2 月第 1 版
印　　次　2024 年 7 月第 2 次
书　　号　ISBN 978-7-5675-2625-9/G·7669
定　　价　21.00 元

出 版 人　王　焰

出版说明

CHUBANSHUOMING

本书是现代职业教育文秘专业系列教材之一，为文秘专业学生量身定做。

本书贴近实际，以能解决文秘工作人员日常会务工作中面临的普遍性问题为切入点组织内容，梳理文秘人员办会工作的职业技能，增设情景设置，增加学生的参与感。

本书主要栏目设置如下：

学习目标：明确任务的知识、能力和情感目标。

任务情境：设置学习情境，引入学习内容。

任务分析：阐述任务的重要性，简单分析任务要点。

能力训练：针对本次任务提出具体的训练内容。

练一练：针对本次任务设置的课堂练习，让学生动手操作。

相关知识：提供本任务相关的知识要点，具体讲述学习内容。

知识拓展：对本单元所学内容进行拓展，为有需要者提供补充资源。

相关链接：与任务相关的具体选文。

本书相关资源请至www.shlzwh.com中的“教学资源”栏目，搜索关键字“会议实务”进行下载，或与我社客服联系：service@shlzwh.com，13671695658。

华东师范大学出版社

2015年02月

前　言

QIANYAN

《会议实务》是上海市职业学校文秘专业中心教研组组织编写的文秘专业系列教材之一。

《上海市国民经济和社会发展第十二个五年规划纲要》中明确指出：创新驱动、转型发展，是上海在更高起点上推动科学发展的必由之路。《上海市中长期人才发展规划纲要（2010—2020年）》中将“建设具有全球竞争力的现代服务业人才队伍”作为推进重点领域人才发展的重大工程。文秘职业作为上海市现代服务业的一个重要组成部分，我们适逢其会，培养适合现代服务业需要的文秘专业人才，我们感到责任重大。转变职业教育理念是我们首先必须考虑的问题，编写合适的教材是当务之急。

本教材作为一本适合现代职业教育理念的文秘专业教材，我们从这几个方面来考虑：在理念上要定位准确，面向企事业文秘人员，符合当前秘书办会实际工作需要，能解决文秘人员在日常会务工作中面临的普遍性问题；在内容上要与企业文秘工作的流程相吻合，梳理文秘人员办会工作的职业技能，具有可操作性；编写有故事性、知识性、趣味性的会务案例，能增强学生参与感，增设问题情景，增加学生体验的机会，从而提高学生的学习兴趣。

参与本书编写工作的教师都来自秘书专业教学第一线，具有丰富的教学经验和工作实践经验。其中项目一由李蓉老师编写；项目二由金炳良老师、邹丽丝老师编写；项目三由陈亮老师、吴春芳老师编写；项目四由关敏老师编写。全书由金炳良老师负责统筹。

本书在编写过程中得到了上海市行政管理学校查正和校长、上海市信息管理学校陆震谷校长的多方帮助，在此表示衷心的感谢。同时也感谢华东师范大学出版社的大力支持。

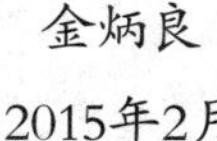

2015年2月

目　录

MULU

项目一 了解会议工作

项目介绍

会议是人类社会必不可少的活动方式之一，更是各级领导机关和组织经常采用的管理方式之一。无论是大中型会议，还是小型会议，都要有专门机构或专门人员负责会议的组织和保障工作。这种专门机构或专门人员就是会议秘书机构或秘书人员。

会议工作，是指秘书机构（人员）对会议的筹备、组织和保障工作。任何机关要实施领导和管理，都离不开会议，有会议必有会议工作。会议工作是秘书工作的重要内容之一，在机关日常工作中，秘书经常负责一些小型会议的组织保障工作；如果机关召开大中型会议，还要成立会议秘书机构，专门负责会议工作。做好会议工作，对于改进会风，消除会灾，提高会议效率，具有十分重要的意义。此外，我们还应发挥它在现代管理活动中的积极作用，为社会主义现代化建设服务。

任务一　为什么要召开会议

学习目标

1. 知识目标：知道什么是会议，理解会议的功能。
2. 能力目标：能够根据实际工作需要，制定例会制度。
3. 情感目标：学会表达与聆听，初步体验集体商议。

任务情境

新学期开始，班主任秦老师希望新成立的文秘班的班委会能成为一支优秀的班级管理团队。为了避免出现个人决策的随意性，让集体智慧发挥作用，使班级各项事务更有效地开展，秦老师召开了第一次班委会议来明确班级事务的商议制度。会上，她先让大家思考"怎样能更好地加强相互沟通、进行工作联系并建立监督机制，提高工作效率，使班级管理逐步走向规范化"，同时，她提议大家商议出班级的班委会例会制度。

任务分析

会议是人类群体性活动的必然产物。在我国，会议也已经成为党政机关、企事业单位实行集体领导的基本方法之一。相应地，组织、安排会议成为了当今秘书部门、秘书人员的重要工作。学习会议工作应从了解会议的涵义、明确会议的重要功能开始。

能力训练

活动一：分组模拟第一次班委会会议，提出班级管理中的问题，商议制定班委例会制度。

全班同学以8—10人为一个小组，每组同学分别扮演班主任秦老师及各个班委委员，围绕任务要求模拟此次会议的进行。会议由"班主任秦老师"主持，"组织委员"负责会议记录，各个参会"委员"轮流发言并展开热烈的讨论。

活动二：各组商议，完成班委例会制度的初稿。

会后，各组根据会议情况整理出班委例会制度的初稿。

活动三：各组汇报，完善班委例会制度。

各组选派同学向全班朗读本组制定的班委例会制度，听取老师和同学们的修改意见，完善后上交老师予以评分。

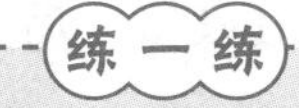

请根据案例内容撰写班委例会制度。

____

____

____

相关知识

一、会议的涵义

从字面上看，“会”是聚集、见面、会合的意思，而“议”则是商议、讨论的意思。由此，“会议”含有聚集起来商议的意思。但是，没有目的、没有计划、没有组织、没有领导的聚众闲聊不能称之为会议，所以，我们将会议定义为：**围绕特定的目标进行的，以口头发言或书面交流为主要方式的，有组织有计划的商议活动。**

二、会议的功能

会议是人类社会自古以来就有的一种社会现象。在原始社会，人们为了生存和分配共同收获，就出现了“氏族议事会”。而随着近代社会经济的发展，会议作为一种重要的交流、管理手段而逐渐发展完善。在如今的社会生活中，各类会议更是随处可见，已经成为一种经常性的社会活动形式。由此，会议的各项功能也越趋明显，主要概括有如下四点。

（一）发扬民主、集思广益、科学决策

虽然，随着科技的迅猛发展，现代人的沟通方式越来越多，如E-mail、QQ、MSN，或是微博、微信等，但是，会议这种群体沟通方式是任何其他形式都无法替代的，因为这种方式最直接、最具体、最直观，也最符合人类原本的沟通习惯。它能使不同想法的人汇聚一堂，通过面对面的交锋，进行思想的直接碰撞，从而产生“金点子”；也可以使领导层直接听取与会者的意见和要求，了解各行各业的具体情况，深入分析后进行科学的决策。

（二）交流信息、传递情报、共享资源

各级机关、单位都担负着上情下达、下情上传的任务，通过会议，上传下达的要求得以实现。承载着信息的“聚集”和“发散”双重功能的会议，使情报加以传递，使资源达到共享。

（三）协调矛盾、统一思想、促进生产

在工作中，往往需要不同部门或不同人员的共同参与，而人们也不可避免地会对某个问题或某个事项存在不同的看法或观点。通过会议，大家可以围绕共同的目标进行讨论、研究，求同存异，或者大家一起将问题细化，落实责任，最终达成共识，形成合力，解决问题。

（四）传达决策、宣传教育、推动工作

会议是实施领导和指挥的重要手段之一，所以，通过会议，领导者可以传达决策意图，布置任务，落实方案，传授生产知识和技能，介绍先进事迹或工作经验，以弘扬先进、鞭策后进、联络感情、激励士气，从而推动工作，实现目标。

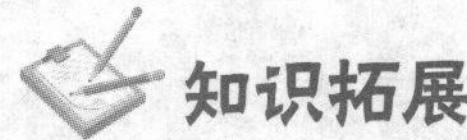

知识拓展

会议的特征

现代会议虽然形形色色，但是通过学习会议的涵义和功能，我们不难总结出会议存在以下共同特点。

1. 目的性

会议是为了某一明确的目的而开展的活动。无论是远古时代的部落议事会，还是当今世界的国际性会议，举行任何一种形式的会议都有着明确的目的。比如，举行各级人民代表大会就是为了使各级国家权力机关及时、充分地发挥其职能，实现国家管理的法制化和决策的民主化。又如，"2009浙江（上海）旅游交易会"于2010上海世博会临近之际在上海召开，就是浙江省为了使浙江旅游有序对接上海，近距离接轨世博，以此提升浙江旅游形象而实施的一大举措。

会议的目标一般是通过议题、议程和会议结果来表现的，它体现了会议组织者的愿望，也反映了全体会议成员的共同期盼，因而是会议活动最基本的驱动力。而会议目标的正确合理与否也会决定会议的发展方向和实际作用，直接影响会议的各项会务工作的进行。

2. 组织计划性

会议活动不仅要有明确的目标，还需要有一定的组织和计划。一般会议都会有会议主持人，一些大型的会议还要设立会议领导和工作机构，包括主席团、秘书组、会务组等。组织一次会议，往往要经过确定会议目标、制定会议议题、选择会场、确定会议时间等一系列程序。会议活动只有具备了高度的组织计划性，才能更有序地进行，从而实现会议的目标。

3. 群体沟通性

人们在社会实践活动中势必会遇到个人难以解决的问题或凭借个人能力无法企及的目标。这时，人们需要通过集体讨论，互相启迪，共同思考，用集体的力量解决矛盾、战胜困难。而会议正是为了满足人们的这种社会需求而产生的。因此可以说，会议从它产生开始就是一种群体沟通性活动。

4. 交流方式多样性

传统的会议是以口头交流为主、书面交流为辅的活动方式，但是在现代会议中，与会者经常运用图表、PPT、影视或录像等方式进行信息的传达。虽然，口头交流仍作为会议活动的基本方式，但是一些特殊的会议，可以直接采用书面和声像的方式进行交流，例如计算机网络会议可以以传递电子邮件的方式交流信息。所以说会议的交流方式是多种多样的。

相关链接

××公司周例会制度

实现有效管理，促进公司上下的沟通与合作，提高公司各部门的工作效率，追踪各部门工作进度，集思广益，讨论和优化拟实施的工作方案，更好地协调各部门的工作方法、工作进度，特制定公司周例会制度如下：

一、会议时间

每周一（上午9：20）。

二、会议主持人

公司总经理；总经理若因公出差无法主持，则由副总经理或指定人员代行主持。

三、会议参加人

副总经理、行政经理、各部门经理。

四、列席人员

视需要可让其他有关人员出席。

五、会议内容

1. 各部门经理需向总经理提交上周工作总结及下周工作计划。

2. 各部门经理需对上周工作计划的落实情况进行汇报，行政经理针对计划完成情况进行考核。未完成计划任务的详细说明原因，并根据考核标准进行考核；对完成有困难的工作进行集体协商，并寻找具体解决办法。总经理根据各部门提报计划，安排、布置本周工作任务，明确各项工作的具体承办人、完成时间，指导部门间相互配合。

3. 对工作中出现的问题及时跟踪改进，对工作中的失误找出原因并及时改正、总结。

4. 会后，总经理办公室将会议内容形成纪要，发放到公司领导及各部门。

六、会议记录人

行政经理。

七、会议纪律

准时到会，会议期间不接听手机，并将手机设置为关机或振动状态。

××公司

××××年×月×日

任务二　召开什么类型的会议

学习目标

1. 知识目标：知道召开会议的原则，掌握会议的种类。
2. 能力目标：能够按照会议的召开原则，判断是否需要召开会议及召开什么类型的会议。
3. 情感目标：学会组内沟通，尝试探究性合作学习。

任务情境

在班主任秦老师的要求下，同学们都在关注近期新闻报道中及自己身边的会议情况。大家首先关注到了10月份党的代表大会即将召开的报道，同时，从新闻中得知，全国精神卫生工作联席会议及本市消防安全工作会议都将于近日举行。同学们还通过学校网站了解到学校才艺教育经验交流会及精品课程建设中期推进会将于本周召开。另外，为了解新学期同学们对学校学习生活的适应情况，班长和学习委员也将于今天参加学生代表座谈会。那么，这些大大小小的会议都为了什么目的而召开？分别属于什么类型的会议？另外，今年12月28日是学校建校三十周年纪念日，为展示学校办学成果，提高学校的社会知名度，增强师生凝聚力，创建良好的教研氛围，促进学校与外界的合作与发展，学校将会安排一系列庆祝活动。秦老师请大家思考：在庆祝活动中，可以安排哪些类型的会议？

任务分析

会议作为人们从事社会活动或解决各项工作问题的重要手段和方法，目的明确，应用也十分广泛。由此，会议可以从各种不同角度划分出许多种类型。召开什么类型的会议能更好地达到会议的目标呢？此外，会议是解决问题的一种形式和手段，是工作方法而不是工作目的，因此，为达到预期效果，召开会议还要遵守一定的原则。所以，判断是否需要召开会议以及召开什么类型的会议是秘书在安排会议前必须要思考的问题。

能力训练

活动一：分组交流同学们关注到的近期会议情况。

同学们分组收集近期社会上或自己身边的有关会议情况，组内进行交流和汇总，并在课上进行汇报。

活动二：分析会议的目的并对会议进行分类。

尝试整理出同学们列举到的近期召开的会议的目的，并对这些会议进行类型的划分。

活动三：分组为"学校建校三十周年"庆祝活动安排合理的会议。

分组探讨"学校建校三十周年"系列庆祝活动中适合安排的会议类型，在全班范围内进行交流，教师进行评分。

练一练

请通过网络查找一般大型会议的类型有哪些。

____

____

____

相关知识

一、召开会议的原则

会议都是围绕特定的目标而开展的，要使会议达到预期的效果，就必须要遵循会议召开的有关原则。

（一）必要性

会议如果开得适度合理，就有利于推动工作的进展，提高工作效率；而如果开得过度，就可能使人陷入"茫茫会海"之中，白白浪费时间和精力，不利于工作的开展。

能否很好地判断要不要开会，值不值得开会，是掌握会议必要性的前提。坚持必要性原则就是指根据问题情况判断，与其他形式（如电话联系、派人直接沟通、发文件）相比，召开会议是最好的解决手段时，才采用会议的形式。这样才能做到不必要的会议坚决不开，必要的会议能够及时召开。

通常，当出现以下情况时，需要及时召开会议。

（1）遇到危急突发事件，使日常工作停滞，需要及时集体协商、处理时。

（2）一项决定或一项管理办法的推出，非经会议形式不能产生法定效力时。

（3）事情较为紧急，有关人员采取逐层、分头商议的办法已经来不及时。

（4）采用会议的形式是将相关情况传递给有关人员的最快捷、最简便的方式时。

（二）高效性

开会，一定要关注效率问题。也就是说，开会有投入和产出的问题。"投入"一般包括召开会议所要耗费的人力、物力、财力和时间；而"产出"主要指会议的结果。由此，高效率要求尽可能减少会议的投入而尽量达到最佳的会议效果。

目前，决定会议效率的因素主要有以下五个方面。

1. 时间选择

如果会议被安排在人们容易疲劳、精力不够的时候，会影响会议的效率。一般来讲，会议召开时间越长，效率也会越低。党的十八大也明确提出了“精简会议、提高效率”的要求，开短会、讲短话应该成为当今会议的新风尚。

2. 地点选择

选择会议地点时要考虑到与会者和主办者是否方便前往。如果与会者需要住宿，还需要考虑会场与住宿点的距离。一般来说，两点之间距离越近越方便，否则会花费大量时间，影响会议的召开。

3. 参会对象选择

在已确定的会议规模与规格的基础上，确定合理的参会对象。确定参会对象时，不应仅着眼于某人身份或级别高低，而应根据会议的需要，邀请合适的工作专业、知识背景下的相关人士。一味地邀请社会“名人”只会增加成本，造成不必要的浪费，从而影响会议的效率。

4. 主持人的能力

主持人应具备一定的影响力、说服力和组织能力，如果主持人只会被参会者牵着鼻子走，或自顾自发表言论而不顾及会议的既定程序，会议中是无法进行有效沟通的。

5. 会议原因和目的不明

如果与会者对参加会议的原因、目的以及议题都不明确的话，肯定会影响会议的效率。

（三）目标性

会议都是为了达到某一目的而召开的，所以召开会议应明确会议的目标。比如，为了培养团队精神，回顾过去的工作经验与教训，以便更好地推动来年工作的开展而召开年度工作总结会议；为了开发人力资源，提高员工的业务水平，举行企业内部培训会议；为了沟通思想，互通信息而举行座谈会；遇到消费者对产品投诉，公司声誉受到影响这样的危机事件时，就需要召开研讨会来探讨解决方案，重树企业良好形象，或及时召开新闻发布会来澄清事实。

（四）严肃性

会议，作为一种重要的管理手段应具有鲜明的严肃性。如果对严肃性缺乏必要的认识，势必会使会议目标无法实现。如果进行会议时，大家随心所欲、议而不决，或漫无目的、七扯八扯，或准备不足、随意发挥，都会破坏会议的严肃性和权威性，使会议毫无效率可言。

二、会议的种类

（一）按会议的规模划分

会议的规模通常指参加会议的人数的多少，由此，可以将会议分成以下四类。

1. 小型会议

出席人数在100人以内。如各种办公会、座谈会、现场会。小型会议一般安排在工作现场或小型会议室召开。

2. 中型会议

出席人数为100至1 000人之间。如表彰会、学术交流会和大中型企事业单位的职代会。

中型会议可安排在会议厅或礼堂召开。

3. 大型会议

出席人数为1 000至数千人。如全国人民代表大会、博览会、交易会。大型会议一般在礼堂、会堂或剧场、会议中心召开。

4. 特大型会议

出席人数在万人以上。如大型节日集会等。特大型会议一般可在体育场、露天广场召开。

（二）按会议的性质内容划分

1. 工作会议

这种会议主要研究日常工作问题，布置工作任务，总结工作中出现的问题，一般定人、定时召开。

2. 专题会议

专题会议一般一次会议只着重研究某项专门议题，所以议题针对性很强，专业性也很强。

3. 总结部署会议

总结前一阶段工作的成果和不足，布置下一阶段的工作任务。通常在工作任务结束之后或一个阶段工作完成之后召开。

4. 庆典型会议

庆典型会议是为纪念某位历史人物或庆祝某项重大事项而召开的会议。

5. 代表会议

一般为了制定、颁布法律、法规，选举产生新一届领导班子等重大事项而定期召开该类会议。参会代表一般按一定的规则或程序产生。

6. 学术会议

就某一科学领域进行的正式的学术性的研讨会议，尤指参与者既是听众，又做演讲的会议。

7. 座谈会议

开会的形式比较轻松、活泼、自然，讨论的话题比较广泛，主要以交流情感为目的。

（三）按会议所跨地域范围划分

1. 国际性会议

会议内容涉及不同国家和地区，与会者来自或代表不同的国家或地区的会议。

2. 全国性会议

会议内容涉及全国性问题，与会者来自或代表全国各地或各领域的会议。

3. 区域性会议

针对某一区域问题展开讨论的会议。

4. 联席会议

不同单位、团体为了了解、解决或协商与彼此有关的问题而联合举行的会议。

5. 单位性会议

某一特定组织内部召开的会议。

（四）按会议的公开程度划分

1. 公开性会议

公开会议即公开发表会议的所有文件，允许公众旁听，记者可以自由采访并完全公开报道的会议。

2. 半公开会议

半公开会议即只允许公开采访或报道其中一部分信息，或只公开部分议题和部分阶段的会议。

3. 内部性会议

内部性会议即会议内容涉及组织内部事项的会议。这类会议的内容不涉及党和国家的机密，不进行公开报道，可以根据需要在组织内进行传达。

4. 保密性会议

保密性会议即会议的内容涉及党和国家的机密，必须采取严格的保密措施，控制传达范围，并且保证会议的时间、地点、参加人员以及内容不被泄露。

当然，还可以按照其他很多标准对会议进行不同的分类，比如，按照会议时间划分，可以分为定期性会议（即例会）和不定期会议；按照会议阶段划分，可以分为预备会议和正式会议；按照会议方式划分，可以分为传统型会议和现代式会议（即电视电话、网络视频会议）等。

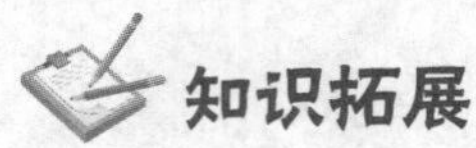

知识拓展

现代企业会议类型

一、常规会议

按照《公司法》的规定而召开，具有程序性和规范性的会议有以下几种。

1. 股东会

股东大会是公司最高权力机构。股东会议就是由公司的出资者（股东）出席的，定期或临时召开的会议。会议主要审议批准公司年度财务预算、利润分配和弥补亏损方案，决定公司经营方针和投资计划，选举更换董事会、监事会成员，修订公司章程等。

2. 董事会

董事会是公司的执行机构。董事会议是由全体董事（被全体股东任命经营公司的人员）出席的，定期或临时召开的会议。董事会负责执行股东会的决定、决议和各项决策，并定期向股东会报告执行情况，听取股东的意见与建议。

3. 监事会

监事会由股东会选举或推荐的监事、监事会主任（或主席）组成，其作为股东会闭会后的监督机构，负责监督董事会成员、总裁或总经理、其他高层管理人员是否有违背或不执行股东会决定、决议的行为，或贪污受贿、工作渎职等问题，并报告股东会。

4. 高层管理人员会议

由分公司、部门经理等公司高级管理人员参加的会议，在总经理的主持下重点传达贯彻董事会的工作部署和重要决策，讨论研究解决生产经营上的具体问题，以及其他需要高管会议研究解决的问题。

5. 员工大会或员工代表大会

中小型公司的员工少，比较集中，没有分支机构，可以定期召开员工大会，一年一次，或半年一次。大型公司和集团公司下有若干分支机构，如跨地区跨行业的分公司、工厂、商场、连锁店铺等，员工人数很多，不可能集中召开员工大会，只有召开员工代表大会。员工大会或员工代表大会，都是员工参与企业管理的一种民主形式。其内容包括：向员工报告一段时期的企业经营状况，告知企业今后的发展方向，传达董事会的重要决定和决议，广泛听取员工对企业的意见、建议和要求，对先进单位、先进员工和劳动模范进行表彰和奖励等。大会由公司总经理主持，董事长、董事、监事会主任（或主席）、监事都需参加，一般一年召开一次。

二、特种会议

这类型会议的特殊性，在于既没有法规规定，也不是例行会议，在会议的时间、规模、议程上也不受限制。它是以经济、贸易、技术为内容的多边主体的一种会议形式。主要有以下几种。

1. 见面会

见面会是指在正式会议开始之前，双方或多方约会见面，相互介绍认识。同时，商定会议的时间、地点、议程、议题、参加人员等。这种会议的时间较短，是正式开会前的一种预备性质的会。

2. 谈判会

商务谈判会，是一种通过谈判讨论解决实质性问题的会议。

3. 洽谈会

洽谈会也可以是谈判会的一种，不过没有谈判会正规、严肃，谈话比较自由、宽松。洽谈中，双方或各方都以诚恳的态度进行协商。

4. 庆典型会议

有关庆祝和纪念活动一类的会议，统称为庆典型会议。企业庆典型会议，主要包括开业纪念、开业典礼、周年纪念等庆典活动，其主要目的是借此提高企业的知名度，提高产品品牌的声誉，开展促销活动。

5. 会展型会议

会展是我国改革开放以来出现的一个新名词。它利用开会的形式，进行产（商）品展览、博览、展销、展示、洽谈项目、招商引资、技术合作等，可分为展览会、博览会、展销会、交易会、展示会等形式。

三、专业会议

所谓专业会议，是指企业内部经营、生产、管理等过程中解决实际问题的会议。这些会议没有固定模式、规定时间、参加人数，而是依据各企业的情况决定。通常有以下几种：（1）安全生产会议;（2）保卫工作会议;（3）质量检验会议;（4）技术研究会议;（5）财务分析会议;（6）市场开发会议;（7）新品研发会议;（8）宣传公关会议;（9）防治污染会议;（10）环境卫生会议;（11）营销策划会议;（12）后勤保障会议;（13）仓储运输管理会议;（14）交通工具管理会议;（15）员工生活管理会议；等等。有的企业可能更多，也有的企业可能较少，视企业需要设置。

相关链接

重庆科学技术学院60周年校庆活动安排的相关报道

2011年，重庆科学技术学院举办了建校60周年大庆活动。该校在学校党委的统一领导和校庆筹委会的指导下，围绕“传承、立新、共建”的校庆主题，精心筹划、周密组织、分步推进了校庆的系列活动。校庆活动主要为：1场庆典大会、1场专场文艺晚会、2套共建协议签订仪式、10个仪式性主题活动和2类报告大会等。

以“共庆共享共奉献，同心同德同发展”为校庆主旨，以“凝聚力量、开放合作”为校庆工作目标，校庆活动得到了全校师生的积极参与，广大校友的倾力支持和社会各界的鼎力相助。

在庆祝大会上，市政府与中石油、中石化、中海油签署共建重庆科技学院的协议，武钢、西南铝、重钢也与该校签署了合作协议。在校庆日前后的一个月里，有4位院士、2位央企老总，以及来自美国、加拿大等11个国家的50多位外国专家学者云集该校，为广大师生带来了一场场丰盛的学术大餐。各大报刊、媒体也纷纷跟踪报道了该校校庆活动及庆祝大会的盛况，新华网两次在线直播校庆活动。

严欣平院长在讲话中指出，甲子校庆是学校发展史上的一个重要里程碑。借此校庆的时机，他们完整梳理了重科60年的办学历程，全面展示了重科60年的办学成果，系统总结了重科60年的办学经验；借此，他们还深入挖掘校友资源，不断深化合作共建，进一步加强行业联系，社会影响力也得以进一步扩大。

（选摘自重庆科技学院网站）

项目二 会议前的准备

项目介绍

一个会议，无论其规模大小，类型如何，第一步需要做的就是确立会议目的，明确会议定位，会议的目标是会议的终极目的，是会议各项工作的指挥棒。而会议筹备方案就是会议的预演，通过想象和策划，将计划全过程形成文字，以便安排布置会议事宜。考虑到有些因素的不确定性，还要拟订会议的应急方案。

会议的要素即会议的组成因素，一个成功的会议要素包括会议名称、会议时间、会议地点、与会人员、会议议题等。

会议文件，是指适应会议活动需要，体现会议主要精神的文字材料。它是会议活动使用的公文，与会议活动使用的其他文字材料（如会议方案类材料、会议名单类材料、会议审查类材料等）有所不同，是会议活动使用的各种文字材料中最重要的文书。

会场的布置和准备是会前会务准备工作中一项很重要的内容，其完成情况的好坏，将直接影响到会议效果。

其他的一些会前工作还包括：准备会议用品、安排礼仪服务、安排会议食宿、确定会议成本预算等。

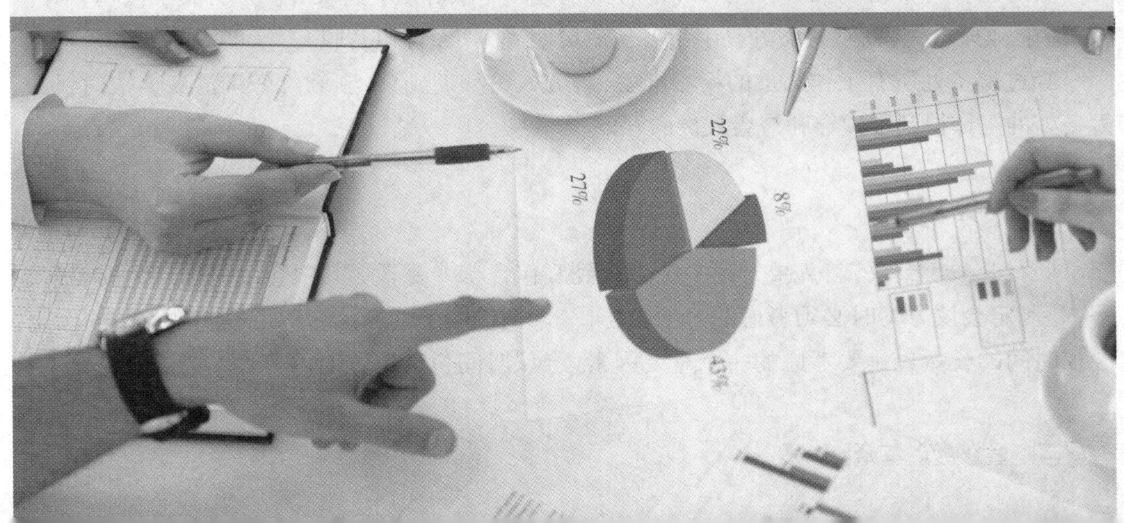

任务一　会议要素的确定

学习目标

1. 知识目标：知道一个会议的召开包括哪些要素；了解每个会议要素的基本要求。
2. 能力目标：能确定会议的名称；会根据需要确定会议的人数；能提出会议议题的预案。
3. 情感目标：形成认真、细致的工作作风，勤于思考，尽可能地把会议的准备工作做得细致、扎实。

任务情境

国内著名的计算机软件公司——春蕾公司将在近期召开全国各地客户咨询洽谈会。春蕾公司在做好内部管理工作的同时，也注重客户管理工作。最近，公司又研制出多款新产品，准备在这次客户咨询洽谈会上亮相，以此引起客户和消费者的关注。会前，市场部经理提供了一份本公司客户名单，公司决定给这些单位和个人发出邀请信，邀请他们参加本公司关于新产品的大型客户咨询洽谈会。公司派主抓公关的张经理负责此项工作，并迅速成立会务筹备处，拟定会议方案，准备大会所用各种材料。会议定于2013年9月10日在北京国际会议中心召开，食宿也安排在北京国际会议中心。会期共5天，其中第一天开幕式，第二天软件推介会，第三天组织有关专家咨询，第四天合作项目洽谈，第五天组织客户北京一日游。

张经理的大会筹备处成员一共有10人。他们首先召集会务工作会议，明确将要召开的咨询洽谈大会的主题，即宣传新产品，洽谈新业务；围绕主题，拟定大会筹备方案；确定参加会议的有正式人员180人，特邀有关领导和专家8人，大会工作人员10人；确定了大会的议程，会议所需要的各种材料，大会的经费预算，请有关领导和专家讲话的建议等。该方案经公司领导审核、讨论、修改、完善后，筹备处马上给各位成员明确分工，各司其职。

经过筹备处所有工作人员的精心准备，各方人员如期到会，新软件咨询洽谈会按时召开，筹备处的工作得到了领导和与会人员的好评。

任务分析

要召开一个会议，首先要知道一个会议到底包含哪些要素。其中会议名称是会议要素之一，是制定会议方案时必须考虑的一项内容，一个简洁明了的会议名称可以起到点睛的作用；会议时间的长短也是要考虑的一个重要因素，会议时间包括两方面内容：一是指确定会议召开的日期，二是指确定会期的长短；接着要考虑的是会议的地点，需考虑交通、会议成本等方面的问题；第四，邀请哪些人来参加会议即会议出席人员，是构成会议的诸多要素中的一个主要因素；最后要考虑的是为什么要开会，开会来解决什么问题，以简短的语言表达出来就是会议的议题。

能力训练

活动一：分组讨论案例，各组分别给案例中的会议确定一个会议名称，然后互相点评，取得共识。

会议名称的作用：一是揭示会议的性质，二是揭示会议的主要内容。确定会议名称的方法很多，主要可从会议的性质、内容及会议要素中的会议时间、地点、出席对象、组织者等角度考虑。当然，一个会议名称，不可能也没有必要将上述内容全部包括进去。哪些内容需要在会议名称上反映出来，哪些内容不需要，应根据不同会议的不同情况具体分析，区别对待。确定会议名称有以下两点必须注意：一是力求简洁，但又不能因追求简洁而略去必须反映的内容；二是一些庄重而严肃的大会，必须用完整的全称，不能嫌字数太多而用简称。

活动二：分组讨论春蕾公司本次洽谈会的目的是什么，形成会议议题。

会议的议题，是指会议所要议论或解决的问题。会议议题产生的方式因会议类型、性质的不同而有所不同，通常有以下三种：一是由领导根据了解的情况或秘书提供的信息直接决定；二是由秘书拟定，领导审定；三是由秘书提供方案之后由有关领导或有关方面专家商定。无论通过哪种方式产生，在确定会议议题的过程中一般都需遵循以下规则：首先在确定会议议题的时候，必须分清轻重缓急，将重要的议题优先列入会议议程；其次要根据必要性原则确定议题，这可以使“会海”现象大大改变；最后，在确定会议议题时还必须充分考虑到议题是否具有讨论解决的可能性。

练一练

请根据本案例内容确定本会议的名称。

____

____

____

相关知识

一、会议名称

会议名称是会议要素之一，是制定会议方案时必须考虑的一项内容。

会议名称的作用：一是揭示会议的性质。例如“局长办公会议”、“统战工作会议”、

"某某工程建设协作会议"、"年终总结大会"、"人民代表大会" 等，根据以上会议的名称，我们可以知道，它们的性质依次是工作性会议、专题性会议、联席性会议、总结性会议、代表性会议。二是揭示会议的主要内容。比如"鲁迅逝世70周年纪念大会"、"遗传工程学术研讨会"等会议名称便有这种作用。

前文说过，确定会议名称的方法很多，应根据各种不同会议的不同情况具体分析，区别对待。比如，确定一个表彰性会议的名称，一般就需要将会议的组织者、会议的时间、表彰的对象及会议的性质反映出来，如"2013年上海市先进工作者表彰大会"；确定一个代表性会议的名称，一般就需要将会议的组织者、会议的届别、代表的类别及会议的性质反映出来，如"中国共产党第十八次全国代表大会"；确定一个学术性会议的名称，一般就需将会议的议题和会议的组织者反映出来，如"国际管理协会技术训练专题讨论会"；确定一般的工作性例会的名称，只要将会议的性质和出席对象反映出来即可，如"局长办公会议" 等。

确定会议名称有以下两点必须注意：一是要力求简洁，但又不能因追求简洁而略去必须反映的内容。比如，一个基层学校召开的先进工作者表彰大会，称之为"2013年上海市长寿职业学校先进工作者表彰大会"即可，不必称为"上海市普陀区上海市长寿职业学校2013年先进工作者表彰大会"；而一个市召开的先进工作者表彰大会，则必须称之为"上海市2013年先进工作者表彰大会"。二是一些庄重而严肃的大会，必须用完整的全称，不能嫌字数太多而用简称。比如"中国共产党第十八届中央委员会第三次全体会议"，不能简称为"十八届三中全会"。"十八届三中全会"这种说法，是为了表述方便或行文简洁，一般用于口头或非正式场合，但在正式场合，尤其是正式会议的通知和会标，则不可使用。

二、会议时间

会议时间的确定包括两方面内容：一是指确定会议召开的日期，二是指确定会期的长短。

（一）会议召开的日期

确定会议召开的日期要注意三点。

第一，要考虑会议的筹备工作是否来得及。其中包括会议文件的准备，会议发言的组织，会场的布置及其他会前必须办妥的会务工作。

第二，要考虑参加会议的人员能否准时出席。其中包括会议出席人员收到会议通知所需的时间，会议出席人员到达会议地点所需的时间，会议出席人员在会议召开期间是否有其他重大活动等。召开全国性或是国际性会议时，情况比较复杂，更要加以精确的计算、周密的考虑、慎重的对待。

第三，要考虑选择最佳的召开日期。所谓最佳的召开日期，一般可从以下三个角度考虑：一是从会议内容和效果的角度考虑。比如，一些庆祝性会议，通常安排在节日前夕召开效果最佳；一些纪念性会议，通常安排在纪念日当天召开效果最佳。二是从会议精神的贯彻和执行角度考虑。比如，一般的党委会、局长办公会等工作性例会，通常都安排在周五或周一召开。这样安排便于总结一周来的工作，计划和分头执行下一周的工作。三是从参加会议人员的生理心理特征考虑。有关专家研究证明，人们在一天内一般有两个工作高峰期，一个是在上午9时至12时，一个是在下午4时至6时，而在这两个高峰期之间的12时至16时，则是明显的波谷期。因此，为使会议取得最佳效果，人们工作能力处于最佳状态的这两个高峰时期，便是召开会议的最佳时间。

（二）会期的长短

确定会期的长短，必须考虑以下三个问题。

首先，必须考虑会议内容和实际需要。能够精简的议程，尽量精简；能够压缩的内容，尽量压缩。

其次，必须考虑会议的实际效果。在考虑会议长短时，应尽量将会议时间压缩在一小时内结束。这样，则能取得最佳的会议效果。如果会议内容很多，非要几个小时乃至几天才能开完，也应尽量将长会划分为几个单元，在其间安排一些休息，让与会者的精神得到恢复以后再继续召开。

再次，还必须考虑会议的成本。会议成本，一般包括显性成本和隐性成本两部分。所谓显性成本，指的是会场的租用费、会议文件的制作费、参加会议人员的交通费、住宿费和伙食补贴费等费用。显性成本通常是直接的、有形的，必定会以一定形式在有关部门的账面上反映出来，因此也容易引起人们的重视。所谓隐性成本，指的是参加会议人员在等量的会议活动时间里所能创造的价值总量。换言之，就是说如果那些参加会议的人员都用等量的会议活动时间去从事他们本来从事的工作，那么，他们在这段时间里创造的价值总量，就是这次会议所耗的隐性成本。隐性成本通常是间接的、无形的，不会以会议经费形式在有关部门的账面上反映出来，因此很容易被人们忽视。所以，在考虑会期的长短时，除了必须考虑会议的显性成本外，更要考虑会议的隐性成本。这样，才能防止因会期过长而造成更大浪费。

三、会议地点

确定会议的地点要遵循三条原则。

（一）需要原则

会议地点的确定，必须服从于会议内容的需要。比如，起示范作用的现场会，就需要在工作比较先进的地区或单位召开；起促进作用的现场会，则可以在工作比较落后的地区或单位召开；一些纪念性会议，需要选择与会议议题有特殊关系的、有意义的地点召开；一些保密性会议，则需要选择僻静而能够保密的地点召开。

（二）择优原则

一般来讲，越是条件优越的地点，越是宜选择为会议地点。这里所说的条件，一是指会场及其辅助设施的条件。必须考虑到会场的大小能否容纳得下与会人员，会场的音响灯光设备是否齐全，其他辅助设施能否解决与会人员的食宿等问题。二是指会议地点的交通条件。会议地点的交通应有利于来自四面八方的与会人员赴会。三是指气候、自然环境、社会环境等条件。

（三）节约原则

所谓节约原则，一是指能就近召开的会议，决不舍近就远。尤其要反对那些冬南夏北，专找有山有水、风光秀美之处召开的“候鸟会议”。二是指在考虑择优原则时要有个“度”，要根据不同性质会议的不同需要和影响进行选择，不能无原则地追求场面的豪华，专找那些有名的饭店、大宾馆作为会议召开的地点。

在考虑上述三条原则时，首先应该考虑和服从的是需要原则，如果工作需要、会议需要，那么，即使是在穷山僻壤，条件再差，交通再不方便，所需经费再大，也应到那儿去召开。

四、与会人员

会议出席人员是构成会议诸多要素中的一个主要因素。应该出席或必须出席的人员没有出席，会给工作带来损失；不应该出席或没有必要出席的人员让其出席，也会给工作带来损失。因此，确定会议出席人员时必须慎重、仔细。有时，还需成立专门机构以审查和确定有关会议出席人员的出席资格。

确定会议出席人员时必须考虑下列三个问题。

（一）会议出席人员的合法性

凡是法定性会议及有关组织章程中涉及的规定性会议，对于会议出席人员的资格一般都有明确的规定，通常有关会议都要成立专门的机构以进行此项审核工作。需要注意的是，在召开此类会议时，除了必须审查和确定会议出席人员的法定资格以外，还必须审查和确定会议出席人员的法定人数。比如，联合国大会必须有1/3以上的会员国代表到会，会议才算有效；我国的各级职工代表大会必须有2/3以上的职工代表出席，会议才算有效。而且，这些法定的会议出席人数必须保持会议的始终。也就是说，不仅会议开始时，不满法定人数，会议不能召开，即使会议开始时已满法定人数，但随着会议进行，由于会议出席者的中途退场致使会议出席人数不满法定人数，会议也不能继续进行下去。否则，会议所进行的讨论和决议便属无效。

（二）会议出席人员的必要性

要分清哪些人员是与会议议题关系密切且必须出席的，哪些人员是与会议议题没有关系不必出席的，哪些人员是与会议议题关系不大可出席可不出席的。必须出席的应该通知其出席，不必出席的应该列入不出席范围，而可出席可不出席的，在通常召开工作性会议时也尽量不通知其出席。

（三）会议出席人员的适量性

除了已明确规定法定人数和必须召开大会这两种情况之外，一般的会议，都应考虑将会议的出席人员控制在一定数量之内。这是因为：（1）从会议效果的角度考虑，经有关专家研究证明，一般情况下人数在12人以内为最佳。超过了这个人数，会议出席人员中就可能出现懒于思维者。（2）从会议效率的角度考虑，在同等效果的前提下，参加会议的人数越少，会议进行的时间就越短，其会议效率就越高；反之会议效率就越低。（3）从工作效率的角度考虑，有必要对每个人在一定时期中参加会议的时间做出一定的限制。

有些会议除了需要确定出席人员之外，还需邀请一定数量的列席人员。列席人员参加会议，通常是为了汇报某项工作、咨询意见的需要，或是为了使某部门的负责人了解会议精神，便于贯彻执行的需要。因此，在考虑哪些人员需要列席会议时，也必须根据不同会议的不同需要，只邀请那些与会议议题有关而必须列席的某一方面的专家或负责人。

五、会议议题

所谓会议的议题，是指会议所要议论或解决的问题。会议议题产生的方式因会议类型、性质的不同而有所不同，通常有以下三种：一是由领导根据了解的情况或秘书提供的信息直接决定；二是由秘书拟定，领导审定；三是由秘书提供方案之后由有关领导或有关方面专家商定。无论通过哪种方式产生，在确定会议议题的过程中一般都需遵循以下原则。

（一）重要性原则

重要性原则表现在以下五点。一是法定性的。例如人民代表大会，到了法定的届限，就必须召开。召开时，诸如政府工作报告、政府领导人员的换届选举、人民代表的提案等议题，就必须安排。这些议题通常是以法律的形式制定的。二是规定性的。例如党员代表会议，到了规定的届限，也必须召开。召开时，诸如党委工作报告、党委委员的换届选举等议题，也必须安排。这些议题通常是以某一组织或某一团体的章程的形式规定的。三是指令性的。例如财税检查工作会议。当上级领导机关发出此类指示时，下级有关部门就务必及时召开会议，传达、贯彻、执行有关指令。四是时效性的。例如增资调资会议。增资调资工作，不仅政策性很强，时间性也很强，一般都须在规定的时间里完成。因此，及时地召开此类会议，传达和贯彻有关政策和要求，就显得十分重要。五是配合中心工作。例如奥运会的召开，在一定的时期里对于有关部门和领导来说，是一项十分重要的中心工作。为了做好奥运会的各项筹备工作和宣传工作，就要提出有关议题，召开有关会议。

各级领导和各级干部，无论是党务工作者、政务工作者，还是业务工作者，平时工作都十分繁忙。为了精简会议，提高工作效率，在确定会议议题的时候，必须分清轻重缓急，将重要的议题优先列入会议议程。对于秘书来说，重要性原则无疑是确定会议议题时必须首先遵循的一条重要原则。

（二）必要性原则

在考虑重要性原则的同时，还必须考虑必要性原则。因为有些议题虽然重要，但不一定非通过会议来议论解决或传达贯彻。比如基层领导向上级领导汇报某项工作进展情况或完成情况，不能说不重要，但是，这不等于说非召开会议不可。因为，除了召开会议了解情况之外，还可以采取个别汇报、书面汇报及深入基层听取汇报等办法了解情况。

那么，哪些会议议题可以称之为必要的呢？一般来说，法定性议题、规定性议题，既是重要的，又是必要的。此外，那些非要经过大家的合议才能做出决定的合议性极强的议题，那些既不能见诸文字也不能做书面记录的机密性极强的议题，以及那些只有通过会议而无别的形式可以解决的议题，也是必要的。

确定会议议题遵循必要性原则，可以使"会海"现象大大改变。但遗憾的是，在实际工作中，人们对确定会议议题的必要性原则往往考虑得很少，甚至不予考虑。这是必须引起重视并加以纠正的问题。

（三）合法性原则

合法性原则包含两层意思：一是所确定的会议议题的内容必须符合国家政权机关、人民团体等组织关于会议组织、会议权限、会议程序的有关规定。二是会议议题的确定程序必须符合国家政权机关、人民团体等组织关于会议组织、会议权限、会议程序的有关规定。

（四）可行性原则

可行性原则，一是指某一议题提交会议讨论时能取得一致意见，并取得预期的决议；二是指某一议题不仅能取得一致意见和预期决议，而且能在实际工作中得到贯彻和落实。一般来说，如果确知或估计与会人员对某一议题的看法存在严重分歧，不可能取得一致意见，那么这一议题暂时不宜提交会议讨论。但是，不能走向极端，不需非要等到意见完全一致后才将有关议题提交会议讨论。因为这样做，从某种意义上说，这个议题也就失去了讨论的价值。有时候，有不同意见，有争论，能使问题越辩越明，更有利于得出正确的决议。对于那些特殊而紧急的议题，如果限时限刻必须做出决议的，无论与会者之间存在着多大的分歧，也应将这一议题提交会议讨论，用少数服从多数的表决办法或行政首长最后拍板的办法做出决议。在这种情况下，就应将重要性原则、必要性原则、合法性原则、可行性原则等诸多原则加以综合考虑，权衡轻重，做出有关议题是否提交会议讨论的决定。

可行性原则是保证会议取得预期效果的一条重要原则。因此，在确定会议议题时必须予以充分重视。在通常情况下，如果某一议题确实是重要的、必要的，也是合法的，但是在当时的情况和条件下却不能取得一致意见或得到贯彻落实，那么，一般来说，则应等待或努力争取条件和时机成熟时再将这一议题提交会议讨论。否则，有关会议就很难取得理想的预期效果。

（五）鲜明性原则

鲜明性原则，指的是所确定的会议议题必须明确，不能含糊。否则，与会者无从发表意见，会议也无法做出决议。那种会前准备不充分，考虑不成熟；会上领导者口若悬河，不着边际，使与会者不知所云的状况，就是议题不明确而造成的。

（六）单一性原则

单一性原则，指的是所确定的会议议题要力求单一、集中。一般来说，一次会议以一个讨论议题为准。

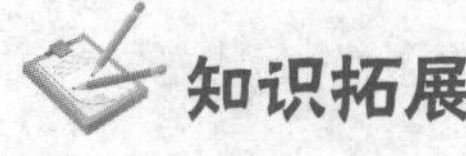

知识拓展

会期长短与人的生理、心理状态的关系

有关专家研究发现，在一般情况下，人们在会议进行过程中的生理、心理状态通常呈现为以下五个阶段。第一阶段为注意力集中阶段。这一阶段的时间界限为会议开始至会议进行到第45分钟。第二阶段为精神分散阶段。这一阶段的时间界限为会议进行到第45分钟至第75分钟。第三阶段为倦意上升阶段。这一阶段的时间界限为会议进行到第75分钟至第90分钟。第四阶段为反面活动阶段。这一阶段的时间界限为会议进行到第90分钟至第120分钟。第五

阶段为态度无所谓阶段，人们关心的已不是会议形成怎样的决议，而是盼望快点散会。这一阶段的时间界限一般为会议进行到两个小时以后。这种划分当然有点绝对化，但有一定的参考价值。

任务二 制订会议的筹备方案与会议应急预案

学习目标

1. 知识目标：知道一个会议的筹备方案一般要包括哪些内容；知道一个会议的应急预案一般要包括哪些内容。
2. 能力目标：能确定一个会议筹备方案的要点，能撰写一个会议筹备方案；能确定一个会议的应急预案的要点，会撰写一个完整的会议应急预案。
3. 情感目标：通过学习和训练，逐步具备综合思考问题与预判问题的能力，即使碰到问题，也能沉着应对，以最快的速度找到解决问题的方法。

任务情境

春蕾公司的客户咨询洽谈会筹备处的全体工作人员在张经理的领导下，开了个头脑风暴会议，然后，经过梳理，总结了这次会议的主要工作，张经理根据大家的意见撰写了会议的蓝图，并报公司领导批准。筹备处的工作主要有以下几点。

（1）准备会议所需文件（包括起草会议通知，撰写会议议程，公司总经理的开幕词，有关领导的讲话稿，有关新产品的情况资料，与会议有关的背景材料等）。

（2）会务服务与生活保障（包括发会议通知，接待，签到，分发文件和物品，安排住宿，布置会场，会场的服务等）。

（3）宣传报道（包括联系新闻媒体，通报会议情况，编写会议纪要等）。

（4）对外联络（包括联系旅游，预订返程车、船、机票等）。

会议的前期很顺利，但在咨询洽谈会的第一天，即9月10日开幕式那天出了意外。负责起草大会开幕式议程的是办公室秘书小王，小王在起草大会开幕式议程时列出了“演奏春蕾公司主题曲”这一项议题。张经理在审稿时，觉得把“演奏春蕾公司主题曲”这项内容放在会议闭幕式进行更合适，于是把这项议题删掉了。后来公司主管领导在审定会议议程时，又把这个议题给圈了回来。会务组人员并不清楚这一变化，因此没有做好“演奏春蕾公司主题曲”的音响准备。当大会主持人在开幕式上宣布“演奏春蕾公司主题曲”时，没有任何回应，一时形成冷场。幸好张经理急中生智，立即上台指挥领唱，这样才圆了场。尽管这件事得到了及时补救，但会后张经理仍然受到了公司领导的批评。

任务分析

会议筹备方案也称会议预案，是召开会议的计划和蓝图，会前必须详细地制订会议方案，并见诸文字，必要时还需报经有关领导审批。会议的筹备方案越详细，出现问题的可能性就越小。但是，紧急和意外的事件仍然可能发生。拟订出应急方案可以保障会议在出现意外时能够按计划进行。

能力训练

活动一：根据案例的要求，为张经理制订一个会议筹备方案。

会议筹备方案一般包括确定会议主题、名称、议程、时间、所需设备和用具、文件的范围、与会代表成员、经费预算、筹备机构与人员分工等。

会议主题是指关于会议要研究的问题、达到的目的。确定主题的主要方法：一是要有切实的依据；二是要结合本单位的实际；三是要有明确的目的。

会议筹备机构一般下设几个小组，各组分工明确，互相协调，既熟记本岗位的职责，又要胸有全局。

做会议预算时，需要多考虑费用的明细、多询问几家供应商。

活动二：根据案例的要求，制订一个完整的会议应急预案。

从一个会议的整个过程来看，每个过程都有可能发生问题，从会议筹备到结束的每一个环节都要认真仔细考虑。所以应急方案的着眼点首先应包括人员问题，如关键代表不能到会；场地问题，如重复预订房间造成冲突；设备问题，如设备在使用过程中发生损坏；资料问题，如宣传材料不足或短缺；健康与安全问题，如突发性火灾等；行为问题，如偶尔出现的发言人行为不当。其次，在会议应急方案中，应当明确会议筹备和举行过程中，出现各种紧急或意外情况时负责解决问题的工作人员，并在会前落实到人。

练一练

请根据案例内容拟定本会议的筹备方案。

____

____

____

相关知识

一、拟订会议筹备方案

会议筹备方案一般包括下述几项内容。

（一）会议的主题

会议的主题是指会议要研究的问题、要达到的目的。确定会议的主题，一是要有切实的依据，二是要结合本单位的实际，三是要有明确的目的。在确定会议主题的基础上，对主题进一步细化，确定付诸会议讨论或解决的具体问题，就形成了会议的议题。每一次会议的议题应当尽可能地集中，不宜过多或过于分散。

（二）会议的名称

一般来讲，应当根据会议的主题或议题来确定会议的名称，并用确切、规范的文字表达出来，以便用于会议通知、会议宣传、会议布置等的需要。会议名称根据需要显示会议的内容、性质、参加对象、主办单位以及会议时间、届次、地点、范围、规模等因素。

（三）会议的时间

会议的时间包括会议实际进行时间和会议过程中的休会时间。确定会议时间要注意提高效率，尽量开短会。确定会议的时间要考虑：主要领导人、嘉宾等是否能够出席；除非是紧急会议，否则不要在主要领导人出差旅行的当天或返回的当天召开会议；确定会期的长短应当与会议的内容紧密联系；会议的具体日期是否具有政治上、外交上、宗教上、民族风俗上的敏感性。

（四）会议的地点

会议的地点既指会议召开的举办地，也指会议活动的场馆。选择会议的地点要重点考虑：交通是否便利、大小是否适中、配置是否精良、环境是否安静、成本是否合理等。

（五）会议的议程、日程、程序

1. 会议的议程

会议的议程是整个会议议题性活动的总体安排，是对议题性活动的程序化安排，不包括会议期间的仪式性、辅助性活动。

会议议程通常由秘书拟写草稿，交领导批准后，复印分发给所有与会者。

大中型会议的议程一般安排如下：开幕式、领导和来宾致辞、领导做报告、分组讨论、大会发言、参观或其他活动、会议总结、宣读决议、闭幕式。

2. 会议的日程

会议的日程是根据会议的议程逐日做出的具体安排，以“天”为单位对会议活动进行具体落实。会议日程除细化议程框架内的全部议题性活动外，还要具体安排会议议程过程中仪式性活动乃至参观、考察、娱乐等辅助性活动。

编制会议日程要全面把握会议议程、仪式性活动和其他辅助活动的关系，突出会议议程安排，注意各项活动之间的协调性，并对各项活动所需的时间做出预测，使日程安排科学合理，有利于提高会议质量。

会议日程的主要内容可以采用表格式和日期式，前者适用于需要交代各项具体信息的会议，清晰明了；后者则按日期及时间顺序排列会议的各项活动。

3. 会议的程序

会议的程序是指在一次相对独立的会议活动中将所有的工作环节和活动细节按照时间先后加以排列的顺序。一般来讲，大会中的单元活动，如开幕式、闭幕式、选举等需要制定程序；另外单独举行的仪式，如颁奖仪式、庆典仪式、签字仪式等也需要制定程序。

（六）会议的出席范围

要根据会议的性质和需要明确会议出席人员的范围，确定与会代表的组成，既不能过宽，也不能过严，会议开到哪一级，哪些单位派什么人参加，都要事先做出比较精确的计算。

（七）会议的经费预算

举办任何一次会议都要消耗一定的人力、物力、财力，对会议的经费及其支出做出科学的预算是开好会议的重要保障。会议经费预算一般包括以下几点。

（1）场地费用。一般会议场地租金，场地特殊设施租赁费用、场地装饰费用等。

（2）交通费用。一般包括接送站的交通费用，会议期间可能使用的交通费用等。

（3）食宿费用。如果住宿费用由主办方承担或补贴，则需要列入会议经费。餐饮费包括早餐、午餐、晚餐及特别宴请等所需费用。

（4）资料费用。一般包括筹备、宣传会议及完成会议议程所需的各类资料的费用。

（5）人工费用。一般包括支付给与会者和工作人员的补贴或报酬，如专家报告费用、临时借用人员的报酬等。

（6）其他费用。会议进行过程中，还可能产生一些临时的费用，有些很难预先做出精确的测算，需笼统地做出计算。

（八）会议的筹备机构

大型会议需要确定筹备机构与人员分工，做到人有专职，事有专人，既分工负责，又协同配合。例如有的会议设立如下的机构小组。

（1）会务组。负责会务组织、会场布置、会议报道等工作。

（2）秘书组。负责准备会议文件、做好会议记录等工作。

（3）宣传组。负责会议的对外报道、录音录像等工作。

（4）财务组。负责会议经费的统筹使用等工作。

（5）保卫组。负责会议的安全、保密等工作。

一般小型会议，只设立会务组负责全部事项。

（九）会议的食宿安排

要明确会议餐饮和住宿的标准及相关事宜。

（十）其他

如明确会议所需设备和工具、会议文件的范围等。

二、拟订会议的应急方案

会议的筹备方案越详细，越可能把问题减少到最小程度。但是，紧急和意外的事件仍然可能发生，拟订出应急方案可以保障会议在出现意外时能够按计划进行。

（一）应急方案的着眼点

（1）人员问题。如关键代表不能到会。

（2）场地问题。如重复预订房间造成冲突。

（3）设备问题。如设备在使用过程中发生损坏。

（4）资料问题。如宣传材料不足或短缺。

（5）健康与安全问题。如突发性火灾等。

（6）行为问题。如偶尔出现的发言人行为不当。

（二）落实应急方案负责人

在会议应急方案中，应当明确会议筹备和举行过程中，出现各种紧急或意外情况时负责解决问题的工作人员，并在会前落实到人。

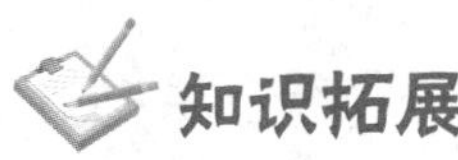

知识拓展

怎样写会议预案

会议预案属于计划性文书，写法上与方案相类似。

会议预案由标题和正文组成。

标题。由会议名称和“预案”构成。有些叫“工作方案”、“筹备方案”、“会议计划”等。还有些预案因为要报批，用“请示”等形式出现。由于预案不宜直接行文，可以作为请示的附件。

正文。预案正文包括会议筹备工作的基本内容、责任者及完成期限等。一般要写明以下内容：召开会议的成因、目的，会议的名称、时间、地点，会议议程，出席范围、规模及邀请出席的领导人，经费概算，承办单位及承办者等。

会议预案可以是条文式为主，也可以与表格结合起来使用。

上海市××职业学校学习职业教育工作会议精神工作方案

根据市教委关于职业教育工作会议精神，结合我校的工作实际，特制订我校学习这次会议精神的宣传活动方案。

一、指导思想

××月××日，市教委召开了全市职业教育工作会议，这次会议意义重大，影响深远。我们要充分认识市职业教育工作会议精神，深入领会和准确把握上级领导讲话，统一思想认识、凝聚共识，牢牢把握提高质量这个主题，通过改革创新推进学校各项事业又好又快发展。

二、组织领导

学校成立学习宣传活动领导小组，负责组织、协调这次的学习工作。

组长：王××(学校校长)。

副组长：马××(副校长)。

成员：董××(副校长)、王××(副校长)、徐××(教务长)。

三、学习宣传内容与方法

（一）学习重点

着重学习教委杜主任在全市职业教育工作会议上的讲话，学习宣传《教育规划纲要》关于教育改革、发展和保障的主要任务和政策举措，进一步增强做好教育工作、办好人民满意职业教育的责任感、紧迫感和自觉性。

（二）具体活动

以多项活动为载体，确保学习宣传收到实效。

一是开展全体教职工集中学习活动。

二是开展座谈研讨、专题讲座活动。

三是开展“我为教育改革发展献一计”活动。科学谋划未来我校教育改革发展的总体战略和规划，在更高起点实现我校教育又好又快发展。

四、学习要求

高度重视，精心组织。要充分认识到学习全市职业教育工作会议精神的重要意义，切实加强领导，精心组织，周密部署，认真实施。

重点实施，浓墨重彩。要把学习贯彻全市职业教育工作会议精神与深入教育教学改革、开展“创先争优”活动等工作相结合。

贴近实际，创新形式。把学习宣传工作深入到各科具体的教育教学的工作实践中，突出重点，统筹安排，把学习宣传全市职业教育会议精神落到实处。

任务三　制发会议通知

学习目标

1. 知识目标：知道一个会议通知需要包含哪些内容。
2. 能力目标：能撰写一份会议通知；能指出一般会议通知的错误之处。
3. 情感目标：撰写会议通知一定要从与会者的角度进行考虑，让与会者清楚明白，并乐于参加。

任务情境

春蕾公司的全国各地客户咨询洽谈会的第二天，即9月11日的日程安排是软件推介会。在9月8日的早上，公司许总经理就告诉办公室文员小刘，9月11日上午8：00—9：00将在公司总部先召开软件推介会有关销售员会议，要求小刘务必通知到每位相关人员。小刘是个刚毕业的大学生，在公司总共才上了两个月的班，她根本不清楚公司有多少销售员，于是她到几个业务部门转了转，发现几个业务部门大多数人都外出了，也不知道谁是销售员。接下来小刘忙于其他的事情，几乎把通知的事忘了。

一直到9月10日下午，许总经理问小刘，销售员会议的通知发出去了没有，她才想起来把此事给忘了，于是她匆忙在公司大门口的布告栏里写了如下的通知：

"兹定于9月11日早晨在会议室召开软件销售员会议，会议重要，请务必出席。"

9月11日上午7：30左右，有两位销售员到了会议室，但会议室里没有人招呼，以为会议不开了，坐了一会儿就走了。8：00左右有六位销售员来了，什么资料也没带，其中两位说，他们已经约好客户在9：00见面。到了9：00，只剩下四位销售员，也谈不出什么东西，因为要马上赶往软件推介会现场，会议就草草结束了。许总经理很不高兴。公司一共有12位销售员，早上露面的总共8人，事后去问另外4位，他们却说根本没有看到通知。许总经理对小刘非常不满。

任务分析

发一个会议通知，目的是要让参加会议的人了解会议的一般情况，以便于做出决定，是不是要参加这个会议。如果参加，那么要考虑怎么参加，时间要如何安排等。所以，一个会议通知必须具备七要素（也有称之为"七个清楚"）：会名、会期、开始时间（月、日、星期，上、下午或晚上的几时）、地点、参加会议人员范围、入场凭证、筹办会议的联系单位等。

能力训练

活动一：分组讨论案例，各找出案例中文员小刘的不足之处在什么地方，然后互相点评，取得共识，最后由教师评价。

小刘的问题应从以下几个方面考虑：（1）为什么会把通知的事情遗忘，应该怎么做？（2）会议通知应该讲清楚哪些事项？（3）发放通知一般的程序是什么？（4）作为文员，会议开始前应做好哪些工作？

活动二：请根据案例的内容，分组讨论，然后为文员小刘写一份正确的会议通知。

一个合适的会议通知要尽可能地把有关会议的情况交代清楚，包括会议的名称；出席会议者的姓名或组织或部门的名称；日期时间（开始到结束的预定时刻）；地点，具体在几楼几号会议室；议题或者议事日程；主办者的联络处的电话号码；开会所在地，必要时可附上地图；注意事项，包括是否备有餐点、有没有停车场或当天应备的资料等。

练一练

请根据案例内容撰写会议通知。

____

____

____

相关知识

一、会议通知的拟写

（一）标题

正式的、重要的会议，其会议通知的标题大多标明会议的召开单位、会议名称，构成“××公司关于召开××××会议的通知”的形式。

一般的、例行性的会议，其会议通知的标题只写“会议通知”或“通知”即可，也可以标明会议事由，如“部门经理会议通知”。

（二）通知对象

通知对象是单位的，写单位名称时可以写特称，如“××公司”；也可以写统称，如“各分公司”。通知对象是个人的，一般直接写与会者姓名，也可以写统称，如“各部门经理”。因为召开会议的单位性质不同，采用的会议通知的形式也不同，所以，通知对象的拟写格式也有所区别。

（三）正文

会议通知的正文一般应当说明以下几点。

（1）会议时间。包括开始时间与结束时间（或会期）及报到时间。

（2）会议地点。应当具体写明会议召开的详细地址，如城市名、街道名、门牌号码、会址名、房间号码等，必要时可以附上交通简图，标明地理方位及公交线路等。

（3）会议内容。可以简洁列出会议召开的目的、主题，有时可以列出会议的具体议题或讨论的提纲等。

（4）参会对象。如果通知对象是单位，就应当在正文中说明参加会议的人员的身份、人数等。

（5）其他事项。如会议费用、食宿要求、接站事宜、会务联络信息等。

（四）落款

大多数会议通知都在正文的右下方写明会议的召集单位或领导人，并注明发出通知的日期。

（五）回执

有的会议为了预计参会人数、收集相关信息等，往往需要附上回执（或报名表），请与会者填写姓名、年龄、性别、职务、职称、抵达时间与方式、返程时间与要求等项目，然后在规定的时间寄回，以方便会议安排。

二、会议通知的发送

（一）明确通知发送对象

在发送会议通知之前，一定要明确通知的单位、部门和人员范围。如果弄错了发送对象，使应该参加会议的人未能收到通知，会影响会议的有效性；使不应参加会议的人收到通知，既影响其正常工作，也有可能给会议造成消极影响。

（二）选择通知发送形式

会议通知的发送形式因会而异，如单位内部重要会议通知，最好当面送达与会者，并请对方签收，如是他人代为签收则要跟踪落实；外部会议通知则可以邮寄。再如学术性会议可以酌情提前三个月先发预备性通知，等收到回执后再发正式通知等。

（三）把握通知发送时间

会议通知的发送要把握好提前的时间量，如发送过早，容易被人忘掉；发送过晚，可能不利于与会者做好充分准备。会议通知的发送应当让与会者在接到会议通知后，能够从容做好赴会准备、并能够准确到达会议地点为宜。

（四）准确书写通知信封

对于需要邮寄的书面通知，信封的书写务求准确，应标明与会者的详细地址、工作单位、姓名等，特别注意不要随便简化对方的单位名称，以免误寄、迟收等问题的发生。可以在信封显著位置标出"会议通知"等字样。另外，装封前要做好检查、核对工作等。

（五）落实回复确认环节

一些重要的会议通知有时会因某些因素的干扰，使通知不能准确及时地传递到与会者，所以发送者应当及时发现问题，可以通过电话、口头询问以及回复电子邮件确认等方式检查通知发放是否落实。

知识拓展

会议通知示例见下文。

上海市教育委员会、上海市人力资源和社会保障局、上海市教育发展基金会关于印发《上海市"星光计划"第五届中等职业学校职业技能大赛办法》的通知

各区县教育局，各有关委、局、控股（集团）公司：

为贯彻落实国家和上海市中长期教育改革和发展规划纲要，以及上海市职业教育"十二五"改革和发展规划，根据《上海市教育委员会、上海市劳动和社会保障局关于实施上海市"星光计划"的通知》（沪教委职成〔2004〕22号），决定于2014年11月至2015年4月举办上海市"星光计划"第五届中等职业学校职业技能大赛。现将《上海市"星光计划"第五届中等职业学校职业技能大赛办法》印发给你们，请按照执行。

附件：上海市"星光计划"第五届中等职业学校职业技能大赛办法

上海市教育委员会
上海市人力资源和社会保障局
上海市教育发展基金会
2014年11月22日

任务四　其他会议文件的准备

学习目标

1. 知识目标：了解一般意义上的会议文件有哪些。知道会议文件形成的基本程序和原则。
2. 能力目标：会准备各类会议文件。
3. 情感目标：会议文件的准备既要考虑到实用性、规范性、模式性的要求，又要考虑到对象的特点，使对象易于接受。

任务情境

春蕾公司将在近期召开股东代表大会，因为涉及的议题比较多，所以总公司办公室的人手就显得不够，公司领导决定从业务部和分公司抽调一些人帮助做会务工作。销售分公司的张秘书毕业于国内名牌大学中文系，是有名的"笔杆子"，销售分公司的很多对外对内的文书都出自张秘书之手。张秘书颇想借此机会展露一下自己的才华，让总公司的领导多多认识自己，所以主动请求为大会写工作报告和开幕词。然而会务组最后确定他的工作是做会议记录。张秘书认为自己是有些大材小用了。

因为带着这样的心理状态，张秘书在做这些"小事"时，就有点心不在焉了。本来他对与会的股东代表就不是全部认识，又没有认真听取与会者发言。这样一来，与会者发言、会上决议，张秘书就听得零零散散，不成系统，会议记录自然乱七八糟、错漏百出。

后来，办公室吴主任检查会议的记录情况，发现张秘书的会议记录字迹潦草、内容不完整、逻辑不清楚，甚至有些内容是乱编乱写的，极为不妥。于是，吴主任严厉批评了张秘书，并在讲评会上强调了会务工作要细致认真。

任务分析

会议文件，是指适应会议活动需要，体现会议主要精神的文字材料。它是会议活动使用的公文，与会议活动使用的其他文字材料（如会议方案类材料、会议名单类材料、会议审查类材料等）有所不同，是会议活动使用的各种文字材料中最重要的文书。

不同类型、不同规模的会议，所形成的会议文件的种类是不尽相同的。从一般意义上来说，会议文件包括：会议通知、会议请柬、开幕词、工作报告、会议记录、会议简报、会议纪要、会议决定、会议决议、闭幕词、会议总结等。

这些会议文件，有的必须在会议召开过程中形成，如会议记录、会议简报等，但大部分会议文件则须在会议召开前准备好，其中有的写成初稿，在会议过程中再加以修改。

会议文件的准备是一项十分重要而又十分艰苦的工作，会务相关人员必须懂得会议文件形成的基本程序、基本要求，才能胜任这一工作。

能力训练

活动一：分组讨论案例，找出案例中张秘书的失误在什么地方。然后讨论一个完整的会议记录要包括哪些必要的部分。

在记录时，凡是发言都要把发言人的名字写在前；一定要先发言记录于前，后发言记录于后；记录发言时要掌握发言的质量，重点要详细，重复的可略记，但如果是决议、建议、问题或发言人的新观点则要记得具体详细。

做好一个会议记录要做到：

（1）真实、准确。要如实地记录别人的发言，不论是详细记录，还是概要记录，都必须忠实原意，不得添加记录者的观点、主张，不得断章取义。

（2）要点不漏。记录的详细与简略，要根据情况决定。一般地说，决议、建议、问题和发言人的观点、论据材料等要记得具体、详细。一般情况的说明，可抓住要点，略记大概意思。

（3）始终如一。这是指记录人从会议开始到会议结束都要认真负责地记到底。

活动二：请根据案例的内容，思考一下，除了会议记录外，文中还谈到了工作报告和开幕词，那么，这两个文种又有什么要求？分别从网络上找到相关的资料。

工作报告是将全面工作或一个阶段许多方面的工作综合起来写成的报告。

开幕词是会议讲话的一种，是党政机关、社会团体、企事业单位的领导人等，在会议开幕时所做的讲话，旨在阐明会议的指导思想、宗旨、重要意义，向与会者提出开好会议的中心任务和要求。

练一练

请根据案例内容列出张秘书的不足之处。

____

____

____

相关知识

一、会议文件形成的基本程序

会议文件的实际执笔者有三种情况：一是会议秘书个人执笔成文；二是组成一个写作班

子分工合作集体成文；三是领导者亲自动笔成文。

这里所研究的会议文件形成的基本程序，是就秘书个人或秘书班子撰写会议文件而言；而且，为了保持所研究的问题的完整性，把会议召开后有关会议文件形成的程序一并介绍。

会议文件形成一般有如下环节。

（一）提出起草会议文件的任务

会议领导者根据会议活动的客观需要，向会议秘书提出起草会议文件的任务。确定起草哪几种会议文件，必须遵循“会议文件要精简”的原则。会议领导者一经确定会议文件，会议秘书要视作自己的重要任务去完成。

（二）起草会议文件初稿

会议秘书在充分准备的前提下起草会议文件初稿。起草会议文件初稿一般按照以下步骤进行。

1. 调查研究

特别是体现会议主要精神的有关文件，要听取相关方面的部门、单位的意见。

2. 收集有关的信息资料

如历来文献、有关规定、国内外动态、典型经验、突出问题等。

3. 酝酿构思并形成提纲

要在收集大量材料的基础上，形成新的认识、新的思想，并使观点和材料统一，使会议文件的腹稿条理化、清晰化。

4. 再次领会会议领导者的意图

向会议领导汇报提纲，并请会议领导对提纲提出意见，使将要起草的会议文件更符合会议领导的意图。

（三）修改会议文件初稿

根据与会人员的意见修改会议文件初稿。除会议通知、会议请柬在会议召开前早已下发外，大部分会议文件的初稿都需在会议活动中加以修改。如开幕词，往往在预备会议上听取修改意见；如果不开预备会议，也要在部分有关人员中听取修改意见。与会人员的意见往往是分散的，要加以集中整理，分析比较，充分吸收正确的意见。

（四）形成正式的会议文件

经具有法定职权的会议领导或有关领导审核、签发，才能形成正式的会议文件印发。会议秘书起草的会议文件，不经领导签发，不能作为正式文件下发。会议文件的签发人，必须是与会议活动相对应的领导。例如，厂长办公会议，有权签发人是该厂厂长；学术会议，有权签发人是该学会会长。有些文件，如简报，可由会议领导授权的会议秘书组负责人签发。有权签发人签发后，才形成会议正式文件。除有些文件另外规定生效时间外，此签发时间即为文件生效时间。

二、会议文件形成的基本原则

从会议文件形成的基本程序中，我们可以看到，形成会议文件必须遵照如下原则。

（一）应在会议领导者的主持下进行，体现会议领导者的意图

会议秘书在撰写会议文件的过程中，会形成自己的思想和认识，这些思想和认识必须与会议领导者的意图保持一致。如果与会议领导者的意图发生分歧，可以向会议领导者提出建议，但如果会议领导者不予采纳，则不能强加在会议文件中。

（二）充分吸取与会人员的正确意见，准确反映会议精神

会议领导者的意图是在会议活动中不断丰富和发展的，因此，会议秘书在修改文件初稿、形成正式文件时，要根据会议领导者的指示，充分听取与会人员的各种意见，并把正确的意见吸取进会议文件中。

（三）应与会议的内容相符合，与会议领导者的职权划分相对应

会议文件内容中所提出和决定的问题，应该是本次会议有权讨论、处理的问题，对此范围以外的问题，会议文件不能涉及。会议文件的最后定稿权，属于相应的领导者，其他人如果没有该领导者授权，不可自行定稿印发。

三、会议文件写作的基本要求

会议文件写作除了需要遵循写作的一般要求外，还有其特殊的要求。

（一）摆正写作与会议的辩证关系

这是对写作态度的要求。这个要求包含两层意思：一是就作用而言，会议秘书写作的会议文件，对会议有很大的推动作用，但是会议文件毕竟是会议主要精神的结晶，是为会议服务的。因此，会议秘书在写作文件时要把握好“推动”与“服务”的关系，既要“高瞻远瞩”，反映现代的、先进的、正确的思想观念，又要善于“瞻前顾后”，考虑到会议的实际内容，当时当地的实际情况，不可把超越会议实际内容、实际情况的思想观念强加在会议文件中。二是就对象而言，会议秘书在写作时，很难避免把自己的思想观念渗透进会议文件中，但会议文件毕竟不是作者自己的署名文章，而只能是会议出席者共同的思想观念的反映。因此，会议秘书必须处理好“执笔者”与“与会者”的关系，写作时既要深思熟虑形成思想认识，又要实事求是反映客观现实。

（二）行文格式应符合有关规定

这是对写作文体的要求。会议文件属于公文，它和其他公文一样，在人们长期的写作实践和使用中，根据需要，不断改进，不断提炼，逐渐形成固定的格式。这些格式约定俗成，已成为规范。规范化的格式不仅保证了会议文件在形式上的统一要求，也保证了会议文件的简洁明了和使用的便利有效。因此，会议秘书必须懂得有关的文体知识，按规范化的格式行文，而不可随心所欲，自搞一套。写作会议文件，要正确书写标题、编号、称呼、正文、署名和日期、附件、密级等。

（三）语言要质朴、简明、准确

这是对写作语言的要求。不同的文体，有不同的语言要求、语言风格。作为应用文之一的会议文件，同文学作品的要求不同，其基本要求是质朴、简明、准确。所谓质朴，就是表达直接了当，不追求辞藻，不咬文嚼字，不堆砌词语，不做过多的描绘，一般不采用修辞手法，使人一看就明白。所谓简明，就是文字简约，明白晓畅；篇幅短小，不铺陈展开；文字叙述用直笔，不用曲笔。所谓准确，就是文中词语的概念正确清晰，不含糊其词；文中的内容实事求是，不夸大也不缩小；文中的规定明确无误，不模棱两可。会议秘书在写作会议文件时，必须按照这些要求使用语言，因为如果违背这些要求，语言花俏啰嗦，闪烁其词，不仅使受文者无所适从，徒呼奈何之苦，而且易使人领会错误，轻则不能按行文意图办事，重则会造成相反的后果。

（四）形成文件要迅速及时

这是对写作速度的要求。会议文件写作，是在一种特定场合下的写作，要求快想、快写、快编、快改、快印、快发。因为会议召开有时间性、阶段性，只有迅速及时地形成会议文件，才能使之与会议活动紧密配合，从而发挥其效用。特别是会议简报、会议纪要等，往往要当天成文，当天定稿，甚至当天印发。因此，会议秘书要在平时锻炼自己的写作速度，以适应这种要求。

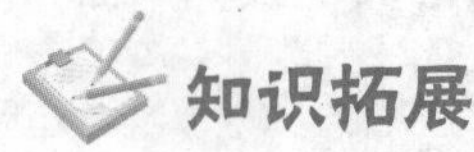

知识拓展

其他会议文件介绍

1. 会议简报

简报是党政机关、人民团体、企事业单位广泛使用的一种比较特殊的文种。它可以用于汇报工作、反映情况、指导工作、交流经验、传递信息。会议简报是较大型和重要的会议用来专门报道、交流会议重要内容、进展情况，反映与会人员意见和建议的一种文字形式，能起到引导会议健康发展的作用。

2. 会议纪要

会议纪要是根据会议的主导思想和会议记录，对会议的重要内容、决定事项进行整理综合、摘要、提高而形成的一种具有纪实性、指导性的公文。不同于会议记录，会议纪要是用于记载、传达会议情况和议定事项的公文。

3. 会议决议

决议是经过党的会议讨论通过才能生效并由党的领导机关发布的，是党的领导机关意志的反映。决议的内容事关重要决策事项，一经公布，全党、全国上下都必须坚决执行。一般分为公布性决议、批准性决议和阐述性决议三种类型。公布性决议是为公布某种法规、提案而写作的决议；批准性决议系为肯定或否定某种议案的文件；阐述性决议是对某些重大结论的具体内容加以展开阐述的文件。

4. 闭幕词

闭幕词，是会议的主要领导人代表会议举办单位，在会议闭幕时的讲话。其内容一般是概述会议所完成的任务，对会议的成果做出评价，对会议的经验进行总结，对贯彻会议精神提出要求和希望。

5. 会议总结

总结是机关团体、企事业单位对自身某一阶段或某一项工作进行总的回顾，找出内在规律，以指导未来实践而使用的公文。

任务五　会场布置

学习目标

1. 知识目标：了解会场布置的相关知识；知道会议座次安排的通常做法。
2. 能力目标：会安排主席台的座次；会进行会场的布置和装饰；会操作相关会议设备。
3. 情感目标：在布置会场时，要尽量照顾到来宾的喜好和要求，要注意到会场的每一个细节，培养细致、细心的良好习惯。

任务情境

春蕾公司新近获得了国家软件行业的十强企业的荣誉称号，公司决定召开庆功宴表彰会。办公室吴主任来检查会场，她发现秘书小高安排的座次有问题。小高按一般“右为尊”的礼仪规范，将董事长的位置安排在前排最右边，然后依次是副董事长、总经理、副总经理，所有领导按职务高低依次从右向左，后面是受表彰的人员。小高的安排合适吗？

任务分析

会场布置要与会议的内容相匹配，根据会议内容可把会场布置为：喜庆热闹的、动感活跃的、严谨商务的。主席台的布置应同整个会场布置相协调。主席台上人员座次排列的通常做法是，以职务最高者居中，然后以主席台的朝向为准，按照先左后右、一左一右的顺序排列。

小高的布置明显违背了主席台布置的原则。

能力训练

活动：分组讨论案例，找出案例中秘书小高安排的座次有什么问题，并指出主席台座次安排的正确做法。

主席台座次安排的具体做法如下：（1）严格按照会议领导机构事先确定的名单次序安排座次，不得擅自改变。身份最高的领导人（有时也可以是声望较高的来宾）安排于主席台前排中央就座。（2）其他领导人按先左后右（以主席台的朝向为准）、一左一右的顺序排列，即以名单上第一位领导人（居中）为准，其左侧是第二位领导人，右侧是第三位领导人，以此类推。（3）主席台上就座的人数为偶数时，前两位领导人共同居中就座，第一位领导人坐在第二位领导人的左侧。（4）主持人的座次按其身份高低安排。双方共同主持的会议采取交叉间隔排列的方法。

练一练

假如请你安排主席台座次，以某上市公司为例，请问主席台的座位应如何安排？

情况一：董事长、总经理、副董事长、副总经理1、副总经理2、副总经理3、董事会秘书。

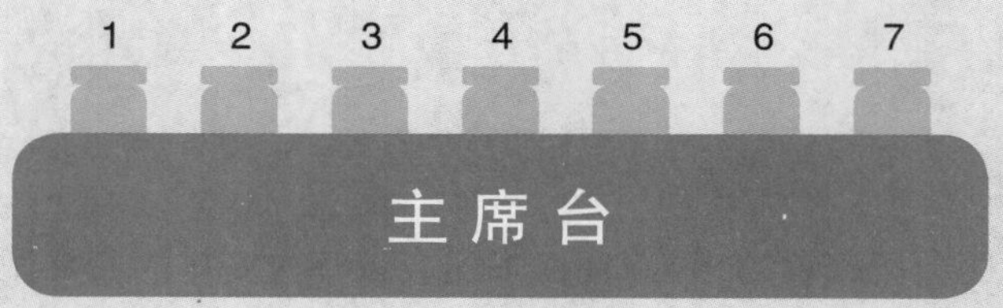

情况二：假如是特殊的重要会议，上市公司的母公司的总经理要参加大会，请问在这种情况下应如何安排座席？

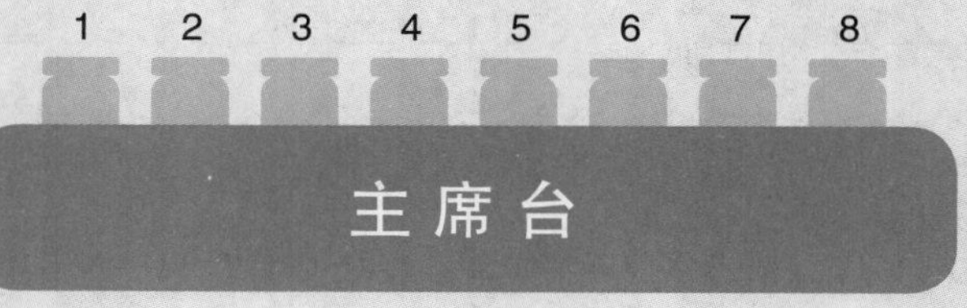

相关知识

一、会场的布置和准备

会场的布置和准备是会前会务准备工作中一项很重要的内容。会场布置虽然只是个细节，但却会使参会者留下对会议的第一印象。其完成情况的好坏，将直接影响到会议效果。

会场布置和准备的主要内容是会场座位的安排。会场的座位安排，是根据会议的规模、性质和需要来确定的，下图是大、中、小三种不同会议室的不同布置。

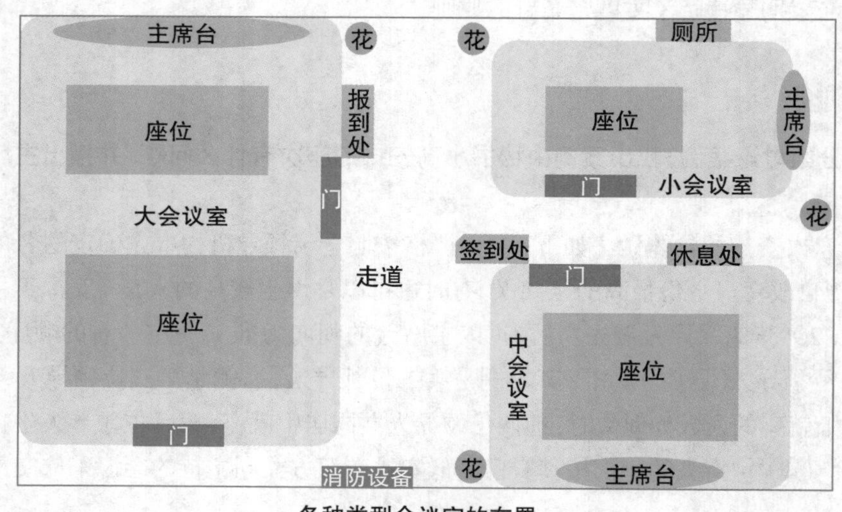

各种类型会议室的布置

下面两张图片是大型会议会场与一般会议室布置的实景照片。

大型会议室场景图

一般会议室场景图

二、座次的排列

座次的排列是指对与会人员在会场内座位次序的安排，设有主席台的会议，其座次排列既包括主席台人员座次排列，又包括会场内其他人员座次排列。

（一）主席台人员座次排列

主席台就座的多是参加会议的领导和贵宾，其座次排列至关重要，秘书必须按照设计好的准确名单安排，并经过领导审核。

主席台人员座次排列的通常做法是，以职务最高者居中，然后以主席台的朝向为准，按照先左后右、一左一右的顺序排列。

主持人有时需要在前排边座就坐，有时可以按职务顺序排列。

在主席台的桌上，于每个座位左侧放置名签。

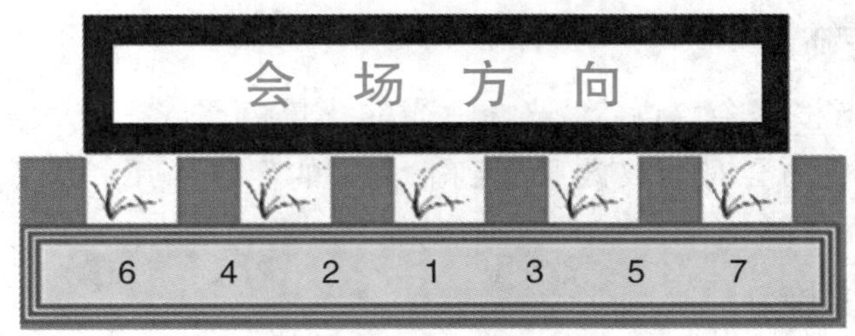

就座人数为奇数的主席台座次安排

如果就座人数为偶数，则以主席台中央为基点，第一位领导人坐在基点左侧，第二位领导人坐在基点右侧。国际性会议主席台的座次排列则遵循先右后左的原则。

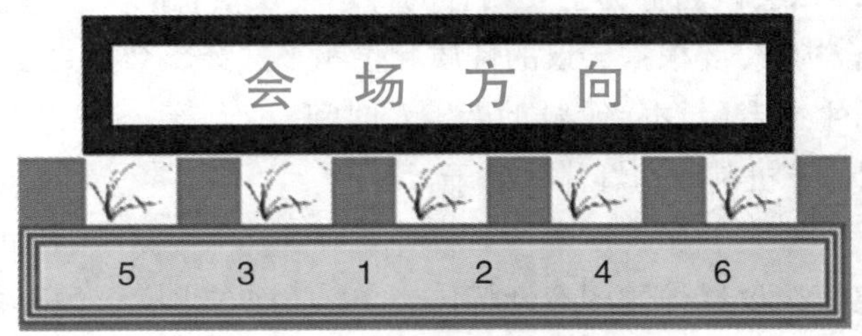

就座人数为偶数的主席台座次安排

（二）其他人员座次排列

不是所有的会议都需要对场内其他人员的座次进行排列，但有的会议则需要或必须排列，如中型以上较为严肃的工作会议、报告会议或代表会议。常见的排法有下述几种。

1. 横排法

即按照参加会议人员的姓氏笔画、单位名称笔画等顺序，从左至右横向依次排列座次的方法。选择这种方法，注意先排出会议的正式代表或成员，后排出列席代表或成员。

2. 竖排法

即按照各代表团或各单位成员的既定次序或姓氏笔画从前至后纵向依次排列座次的方法。选择这种方法，也要注意先排出正式代表和职务高者，后排出列席代表和职务低者。

3. 左右排列法

即按照参加会议人员的姓氏笔画或单位名称笔画顺序，以会场主席台中心为基点，向左右两边交错扩展排列座次的方法。选择这种方法，注意人数的单数与双数的区别。

（三）座次标识

座次标识是指表明会议成员座次的名签、指示牌或表格。座次一旦确定，要做好座次标识方法，一般有以下三种方法。

（1）可以在主席台或会议桌上摆放名签。

（2）可以在出席证上注明座次（某排某号）。

（3）可以印刷座次图表，入场前每人发一份。

三种座次标识方法可取其中一种，也可以结合使用。

三、会场的装饰

会场的装饰是指根据会议内容，选择适当的背景色调或摆放、悬挂突出会议主题的装点物等。恰当的装饰会对会议效果起到非常好的促进作用，所以会场装饰要讲求艺术性。

（一）主席台的装饰

设有主席台的会场，主席台是装饰的重点。一般应当在主席台上方悬挂会标，背景处可以悬挂会徽或红旗以及其他艺术造型等，主席台前或台下可以摆放花卉。

1. 会标

会标亦称横幅，即以会议名称为主要内容的传达会议信息的文字性标志，由色彩、字体、构图、材质等因素综合构成，要根据会议的性质和主题来选择。会标主要表现会议的名称，也可以在名称下面标出主办者、承办者、赞助者以及时间、地点等。设计应当醒目，具有视觉冲击力。会标也可以用计算机制成幻灯片映射于天幕上。

2. 会徽

会徽即体现或象征会议精神的图案性标志，一般悬挂在主席台的天幕中央，形成会场的视觉中心。会徽有两种，一种是以本组织的标志为会徽，一种是向社会公开征集。

（二）会场背景的装饰

会场背景的装饰主要指会场四周和会场的门口，这些地方可以张贴或悬挂标语、宣传画、广告、彩色气球等，还可以摆放鲜花等装饰物。

其中会议的标语就是把会议的口号用醒目的书面形式张贴或悬挂起来，具有更显著的宣传效果。会议标语的制作要切合主题，简洁工整，有号召力。

（三）色调的选择

主要指会场内色彩的搭配与整体基调，包括主席台、天幕、台布、桌椅装饰物等。应当选择与会议内容相协调的色调，对与会者产生积极的心理影响。一般来讲，红色、粉色、黄色、橙色等亮丽、明快的色调比较适合于庆典性会议，天蓝、绿色、米黄等庄重典雅的色调比较适合于严肃的工作会议。

四、会场的设备

桌椅是会场最基本的设备，应当视不同会议的不同需要决定是否用桌椅、用什么样的桌椅。既要保证能够开好会，又要考虑与会人员的身体需要。除桌椅之外，会场还要根据需要布置附属性设备，主要包括以下几类布置。

（1）音响布置：扩音设备、耳机、同声翻译、麦克风等。

（2）声像布置：立体电视、激光、全息电影、组合录像、电脑控制的多镜头幻灯片等。

（3）其他布置：温度、湿度、照明、通风、卫生设施、电源插座、安全消防设备等。

知识拓展

会议室座位安排常用方式

1. 圆桌会议型

所有人围着桌子就座，方便所有人参与讨论，通常用于小型会议及需要讨论较多的会议。尽管圆桌会议型的就座人员相对平等，但仍然需要注重就座的礼仪，可在座位上摆放姓名牌，用于提醒就座的次序。

2. 正式演讲型

正式演讲时，要给演讲者、发言人一张讲台或办公桌，方便演讲者站立或坐着讲话。同时，还要根据演讲人的要求及演讲需要，摆放相应的音像辅助设备。听众在演讲者对面按排坐，面向演讲者。这样的布置有利于演讲者与听众的沟通。这种座位排列方式，应稍微多提供一些座位，因为听众通常不会坐得非常紧密。

圆桌型会议室

3. 小组讨论型

根据会议的需要，把座位分成几个圆桌型，在会议主要发言人发言结束后，参会人员将分成几个小组进行讨论。培训经常采用这种形式，方便对课题进行小规模的深入研讨，保证更多的人对议题表达意见。

演讲讲台

便于分组讨论的会议室安排

4. 正式晚宴型

对于正式的晚餐或宴请，应选择这种方式安排座位。在餐桌上要摆放桌号提示牌，或提供座位用于表示就座的次序，可在参会人员的请柬上标明就餐的餐桌号。

5. 礼仪型

有些非常正式的会议，对就座礼仪要求很高，例如有上级领导、重要嘉宾参加的会议。安排主席台上的座位时一定要参照礼仪指导书，并事先征求会议领导小组、领导及嘉宾本人或秘书的意见。

任务六 制作会议证件

学习目标

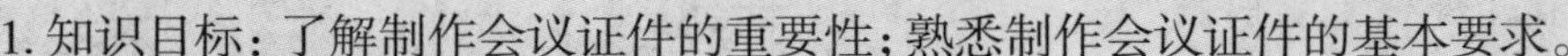

1. 知识目标：了解制作会议证件的重要性；熟悉制作会议证件的基本要求。
2. 能力目标：能够懂得会议证件的制作程序和注意事项。
3. 情感目标：培养秘书人员严谨的工作态度，加强秘书人员的服务意识。

任务情境

学校联合附近的其他几所中职学校共同举办一次大型的校园招聘会，出席招聘会的有各学校领导、招生就业办教师、招聘单位领导及工作人员、新闻媒体、工作人员和服务人员等，怎样才能有效地统计到会人员数量并且能在会议过程中很好地区分出不同代表的身份，保证招聘会正常有序地召开？

任务分析

大型的校园招聘会由于参与招聘的单位众多，组织工作比较复杂，为了使招聘会正常有序地开展，要制作必要的会议证件。

能力训练

活动一：根据会议的性质和组织要求，统计与会人员的类别和数量。

参加大型校园招聘会的有来自不同学校的领导、教师和同学，来招聘的企业数量也较多，要统计好与会人员数量，做好筹备工作。

活动二：在统计出席会议的人员数量的基础上，提前制作好相关会议证件。

按照举办会议的性质，参照会议证件制作的程序制作会议证件，内容包括：会议名称、单位名称、个人信息和证件类型。

活动三：设计制作具有特色的会议证件。

全班分成四个小组，参照会议证件的样式，每组同学根据会议性质和内容设计并制作会议证件。

请根据案例内容画出几种不同的会议证件。

相关知识

一、会议证件概述

（一）会议证件的概念

会议证件是表明与会议直接有关人员身份权利和义务的证件。一般来说，制发会议证件只限于大型会议或重要的会议，通常小型会议是不需制发证件的。对于一些重要的、保密性强的大型会议，不但要有正规的证件，而且还需要在证件上粘贴本人照片并加盖钢印。

（二）会议证件的作用

（1）表明会议期间各种人员的身份，便于接待和管理。

（2）便于与会人员能互相辨认，加强联系和交流。

（3）证件是会场出入证明，保证会议安全。

（4）便于统计到会人数。

（5）维持会议的程序。

（6）给与会者留作纪念。

（三）会议证件的种类

会议证件是会议举行期间，与会人员与工作人员以及相关人员佩戴使用的，主要有以下几种：

（1）代表证：能参加会议，并有表决权、选举权等的与会者。

（2）列席证：能够到会旁听，但无表决权的与会者。

（3）工作证：证明是大会工作人员，对于会议期间的出入行走有一定限制的与会者。

（4）记者证：发给新闻媒体的相关工作人员和记者，在会场的某些工作区域内出入受到限制。

（5）贵宾证（或嘉宾证）：会议主办方邀请的嘉宾。

代表证　　列席证　　工作证　　记者证　　贵宾证

二、制作会议证件的工作程序

（一）制作会议证件的程序

制作会议证件一般遵循如下程序。

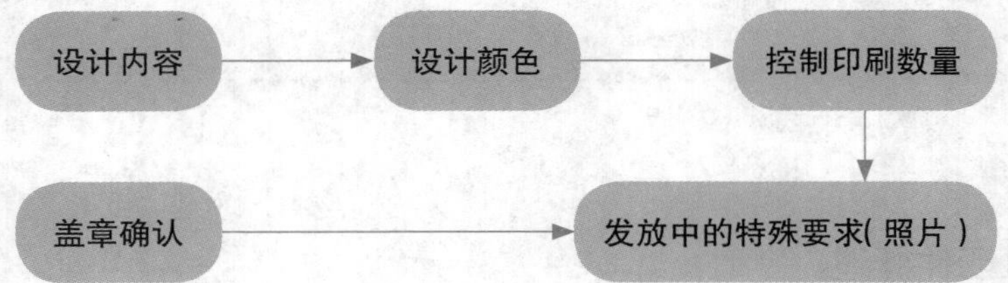

（二）制作会议证件的注意事项

（1）重要的大中型会议，证件和姓名卡片要正规。

设计的内容有：会议的名称、与会者姓名、称呼（先生、女士、小姐等）、身份（职务、职称等）、组织或公司的名称。

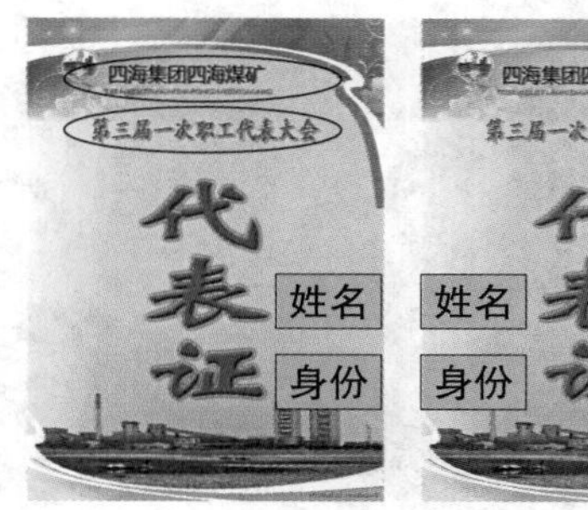

代表证　　有照片的代表证

（2）重要的、具有保密性质的会议要在证件上贴上本人的相片，并加盖大会印章。

（3）证件的形式应反映出会议的内容，设计要尽量经济实用、美观大方。

（4）大型会议应区分正式代表、列席代表、新闻媒体、工作人员和服务人员等不同身份参加者的姓名卡片的样式。可将他们的姓名卡片设计为红、蓝、白、黄四种不同的颜色；也可以将姓名卡片设计为正式代表采用系带式的卡片，其他人员采用夹子式的卡片来区分不同的身份。

（5）应在会议的接待区向与会人员发放姓名卡片，并在主席台等必要的地方放置台签式姓名卡片。

（6）应注意根据公司不同的文化理念设计会议证件或姓名卡片。

知识拓展

会展和大型活动证件的三大基本类别

（1）人证——证明活动参与人身份的一种证件，如参展证、代表证、工作人员证等。

（2）车证——给予车辆通行或停车的一种证件，一般分为内停证（可以停在场馆内的室内或地下停车场）、外停证（只能停在场馆外的露天停车场）、通行证（只能用于通行或短暂停留）等。

（3）物证——对于物品搬入或搬离会展场馆的一种证明，即物品、参展样品的出入放行证等。

但具体来说，展览活动和会议活动的证件有所不同，特别是在人证上。

相关链接

会议证件的样式

会议证件的样式有很多，我们可以根据需要来选择，常见的主要有以下几种。

（1）黏性标签式的证件样式。这种证件比较经济、方便，但可能由于粘贴在衣服上而留痕迹。

（2）系带的证件样式。这种证件比较经济、方便，但可能在衣服上晃动。

（3）有夹子的证件样式。这种证件成本略高，但能更换塑料封里面的标签而重复使用，并能移动夹在衣服的不同部位。

（4）台签式的证件样式。这种证件是开会的时候放在桌子上使用的。

系带的证件样式

有夹子的证件样式

台签式的证件样式

任务七　会议议程的拟定

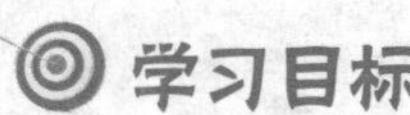

学习目标

1. 知识目标：懂得会议议程拟定的方法和注意事项。
2. 能力目标：能拟定会议议程。
3. 情感目标：形成良好的职业素养。

任务情境

为展示学校的办学成就，提高学校的社会知名度，促进学校与外界的合作与发展，学校定于今年的11月举办校企合作研讨会。请同学们拟定具体的会议议程。

任务分析

会议议程的拟定程序是：（1）明确会议要研究解决的问题、达到的目的。（2）要以本单位的实际需要为出发点，根据本单位资金、人才、技术的实际情况，达到资源的优化配置。（3）报请领导审批。（4）确定会议议程，要根据主要领导的情况，确定会议主持人。（5）根据会议的主题，确定发言人。（6）围绕主题，确定讨论题目和讨论方式。

能力训练

活动一：分组讨论会议议程的拟定具体涵盖哪些方面的内容。

同学们分组讨论拟定会议议程应包括哪些具体的内容，组内进行交流和汇总，并在全班进行汇报。

活动二：在活动一讨论的基础上，分析制定会议议程的程序。

尝试在活动一讨论得出的结果的基础上，整理出拟定会议议程的具体步骤，并进行总结。

活动三：分组讨论制定校企合作会议议程的原则。

校企合作是促进学校与企业、行业全面融合发展的重要举措，学生可分组讨论制定校企合作会议议程的原则，并在最后进行汇总。

练一练

请根据案例的要求拟定具体的会议议程表，材料不足部分请自行添加。

____

____

____

____

相关知识

一、会议议程概述

（一）会议议程的概念

会议议程是为完成议题而做出的先后顺序安排，它主要是对会议中要讨论与研究的议题活动的程序化，即将会议的各项议题按照主次、轻重、缓急、先后等原则编排并确定下来。会议议程的安排对会议是否能顺利进行起着至关重要的作用。

（二）会议议程的制定程序

拟定会议议程应当简明概略，并冠以序号将其清晰地表达出来。

（1）明确目标和参加者：要清楚为什么要开会以及哪些人将到会。

（2）安排各议程事项的时间。

（3）确定每一项议程，注意时间安排，开会前提前通知发言者做好准备，议程应随会议通知事先发给与会者。

<table>
<tr><td colspan="3" rowspan="3">× × 会 议 议 程 表</td><td>天地公司三月份部门例会</td></tr>
<tr><td>3月10日　10：00</td></tr>
<tr><td>总部</td></tr>
<tr><td>会议发起人</td><td></td><td>会议类型</td><td>公司全体员工例会，部门例会</td></tr>
<tr><td>主持人</td><td></td><td>会议记录</td><td>× ×</td></tr>
<tr><td>出席人员</td><td colspan="3"></td></tr>
</table>

（续表）

会议目的：进行上月份工作总结与下月份工作计划安排，进行业务培训，了解公司最新的发展动向					
会议准备工作	会议通知下发、培训教材准备				
会议发放资料	会议议程表				
会议议程					
序号	时间		发言人	发言时间	备注
1	10：00—10：10	下月工作重点	×××	10分钟	
2	10：10—11：10	各主任上月工作汇报以及下月工作计划（以周为单位，每名主任10分钟）	各部门主任	60分钟	
3	11：10—11：20	五一小黄金周促销活动与突发事件培训	×××	10分钟	
4	11：20—11：30	KPI培训，员工入职流程培训，周报上报制度	×××	10分钟	
5	11：30—11：35	进销存管理要求	×××	5分钟	
6	11：35—11：40	清货流程，近期采购工作成果	×××	5分钟	
7	11：40—12：00	POS机使用培训与会议小结	×××	20分钟	
8	12：00—14：00	午餐时间			
9	14：00—17：30	公司全体员工大会		210分钟	
10	18：00—21：00	部门会议聚餐，部门文化交流		180分钟	
预计需时				10.5小时	

二、安排会议议程的原则

（1）编排会议议程，首先应注意议题所涉及各种事物的习惯顺序和本公司章程中是否有对会议议程顺序的明确规定。

（2）按照事情发生的逻辑顺序安排。如报告会一般的顺序为：开幕式；领导致辞；领导报告；分组讨论；大会总结；闭幕。再如总结表彰交流会，一般采取先对某项工作或某项活动做总结性报告，然后宣布表彰决定和表彰名单并颁奖，最后进行交流发言并安排领导讲话。

（3）按照议题的具体内容及花费时间来安排次序。具体有两种方法，即先主后次和先次后主。先主后次指的是如果次要议题数量较多且需要花费较多时间讨论研究时，可采用此方法，即在会议一开始先讨论研究主要议题，以保证与会者在头脑清醒、精力充沛的状态下解决会议主要议题。先次后主指的是如果次要议题数量较少且需要花费较少时间讨论研究时，可在会议一开始先将次要议题解决掉，然后集中精力讨论研究主要议题。

（4）相同议题尽量集中安排，集中解决。将同类性质的议题集中安排在一起，这样既方便与会者讨论，也便于有关列席人员到会与退场。

（5）保密性较强的议题，一般放在后面，这样有利于安排无关人员退场和相关人员到场。

（6）分歧性较大或和与会者有利益关系的议题一般放在最后。把分歧较大的议题安排在最前面，将会使会议无法有效地进行下去，影响后续会议的举行，所以应把这些敏感的话题留到最后。

知识拓展

会议准备程序图表，列出准备工作的各项任务，以供参考。

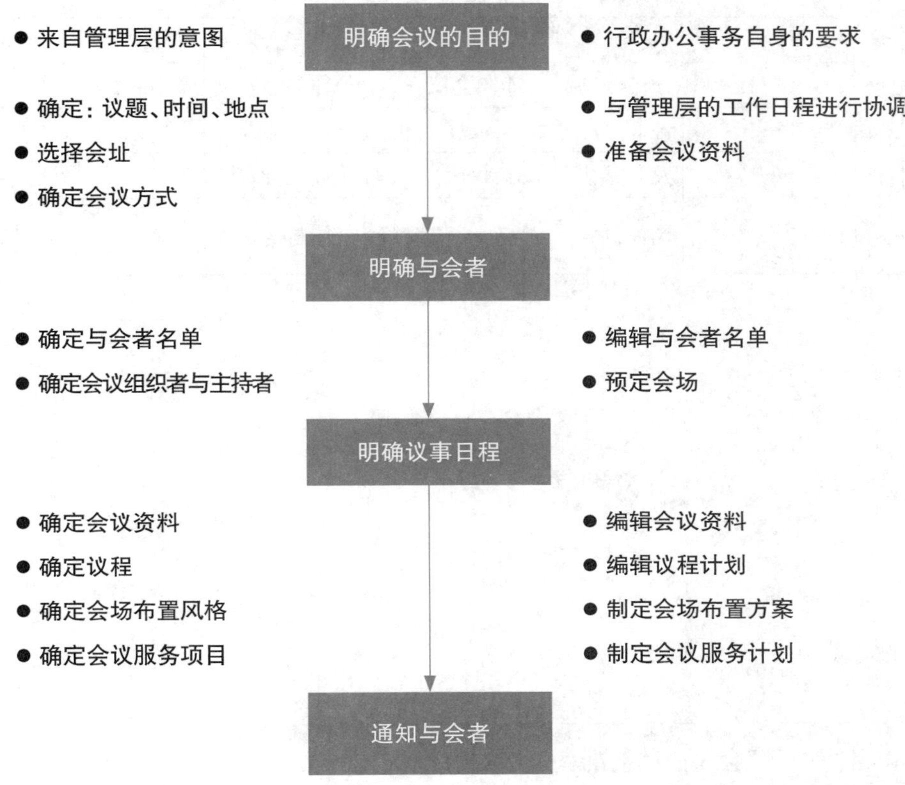

相关链接

利源公司人事部会议议程

本公司定于2014年12月26日上午9：00在公司会议室召开招聘工作事项的会议。

1. 主持人宣布会议议程。
2. 说明有关人员缺席情况。
3. 宣读并通过上次××会议记录。
4. 报告××事项。
5. 讨论关于××事项。
6. 形成××决议。
7. 会议结束。

利源公司新产品宣传研讨会会议日程

日期		时间	内容安排	地点	参加人	负责人	备注
2014年12月26日	上午	8:30	签到	会议厅门口	全体与会人员	陈秘书	
		9:00—10:00	专题报告	会议厅	全体与会人员	总经理	
		10:20—11:50	讲座	会议厅	全体与会人员	公司顾问	
		12:00	午餐	阳光酒店餐厅	全体与会人员	陈秘书	自助餐
	下午	13:30—15:00	分组讨论	1、2会议室	全体与会人员	各小组召集人	
		15:20—16:50	各组代表发言	会议厅	全体与会人员	主持人	
		16:50—17:30	大会总结	会议厅	全体与会人员		
		18:00	晚餐	阳光酒店餐厅	全体与会人员	陈秘书	围桌，见分桌表

任务八　其他准备工作

学习目标

1. 知识目标：了解会议前其他准备工作的内容及重要性。
2. 能力目标：能懂得会议前其他准备工作的基本方法。
3. 情感目标：培养忠于职守、乐于奉献的职业道德；培养踏实、细致、周到、一丝不苟的工作作风。

任务情境

学校将于今年3月召开对外联络工作研讨会。对外联络工作是事关学校发展的重要工作，也是全校上下的常规工作，学校对此非常重视，办公室新来的小张正紧锣密鼓地进行会议准备工作。

任务分析

会议其他准备工作主要包括会议用品的准备、礼仪服务、食宿服务和成本的核算。

会议用品的准备对会议的顺利召开起着非常重要的作用。一个有经验的会议组织者，对会议的任何一项准备工作都应一丝不苟地认真落实到位，并且在准备工作中能遵循有关的礼仪规范，了解与会人员的情况，认真安排会议的食宿服务。

能力训练

活动一：分组讨论会议用品的准备。

全班同学分成四个小组，每组同学通过组内交流和总结列出会议用品的清单，然后在全班进行汇报，互相补充。

活动二：分组讨论会议礼仪服务的准备。

全班同学分成四个小组，每组同学通过书籍、报纸和互联网等收集我国会议礼仪服务的基本情况，并尝试进行总结。

活动三：分组讨论会议食宿服务的准备。

全班同学分成四个小组，每组同学收集会议食宿安排的注意事项，总结后向全班汇报，教师做最后的汇总。

练一练

请从网络查找一个中型的会议一般需要哪些会议用品。

____

____

____

相关知识

一、会议用品的准备

（一）会议用品准备的工作流程

（1）分析会议的性质和特点。

（2）统计会议的必备用品和特殊用品。

（3）按照统计结果购买、租赁或制作会议用品。

（二）会议用品的分类

根据会议不同规模设定内容，会议用品和设备分为必备、特殊两种类型。

1. 会议必备用品

（1）文具用品。如纸、笔等，在每人的座位前摆放纸笔。若有需要用到黑板或白板，确保已擦干净，准备好粉笔、白板笔、指示棒、板擦等用具。需要图架的，还要安放图架并准备好配套图表和足够的纸张。

（2）布置用品。如桌椅、台布、姓名牌等。

（3）茶具用品。会期较长的会议，要准备好水杯、茶叶、饮料等，并安排专人负责倒水。

（4）设备用品。检查好通风及空调设备，做好开机准备，一般在会议前两小时开机预热或预冷；检查好扩音设备、照明设备、摄录设备等；检查好多媒体电脑和投影仪、屏幕和录音设备等；若是网络视频会议、电话会议等，须提前检测线路，保证各种设备正常运作。

2. 会议特殊用品

不同类型的会议，由于会议内容不同，对用品的要求也不尽相同。

（1）选举型会议需要准备好投票箱、选票、机票单等用品。

（2）表彰型会议需要准备好奖品、证件及颁奖音乐等。

（3）接待型会议要准备好迎送客人的交通工具及适当的鲜花和水果。

（4）代表会议和庆典会议要准备好开始时的国歌等音乐，特别的还需要安排乐队。

（5）专业型会议或咨询型会议要准备好幻灯机、投影仪、录音机和录像机等。

（6）谈判型会议要准备好签字笔、文件夹等。

此外，还要根据会议要求准备好会议的横幅、宣传标语和花卉饰物等物品。

二、安排礼仪服务

为确保会议的正常召开和顺利进行，秘书及相关人员在开会过程中一定要遵循有关的礼仪规范。会议礼仪属于职业礼仪的范畴，是在会议实践活动中形成的人与人之间、组织与组织之间、国家与国家之间相互表示友好和敬意的外在行为规范和准则。

（一）会议的通用礼仪

1. 会议文书礼仪

会议的请柬、邀请函和通知等文书在格式、称谓、语言上都应遵守相关礼仪要求；文书中涉及的时间、地点和其他有关资料，均应经过反复核对，做到详实可靠。

2. 迎送礼仪

迎来送往是常见的社交礼仪。一般大型或一些中型会议，对会议参加者都要做好迎送工作。对参会的领导、嘉宾或一般的参会人员，通常会视其身份和双方的关系、访问性质等因素，安排相应的迎送活动，都应该做到热情接待和周到服务。为妥善起见，一般应在会前组成一个会务组，专门处理相关问题。

3. 参会礼仪

会议的组织方要尽量使会议开得紧凑高效，珍惜与会者的时间。会议参加者应衣着整洁，仪态大方，遵守会议纪律，准时入场，不迟到早退。开会期间认真听讲，不要私下小声说话或交头接耳。发言人发言不超过规定时间。

4. 服务礼仪

在会议的签到、引领、食宿接待服务中要遵守礼仪的一般要求，注意服务忌语，使用礼貌用语。

（二）主持人的礼仪

各种会议的主持人，一般由具有一定职位的人来担任，其礼仪表现对会议能否圆满成功有着重要的影响。

（1）主持人应衣着整洁，大方庄重，精神饱满，切忌不修边幅，邋里邋遢。

（2）走上主席台时应步伐刚强有力，表现出胸有成竹、沉稳自信的风度和气概，行走的频率和速度要因会议的性质和内容而定。

（3）入席后，如果是站立主持，应双腿并拢，腰背挺直，右手持稿底部中间。主持人主持会议多为坐姿，坐姿主持时坐立应端正，腰要挺直，颈项伸直，面对前方，虚视全场，双臂前伸，两肘轻按会议桌沿，对称呈“外八字”。不能前倾或后仰，主持中不能出现用手抓头、揉眼、搔脸、抖腿等不雅动作，以免显得紧张，不够沉稳。

（4）主持人所有言谈都要服从会议的内容和气氛的要求，口齿清楚，思维敏捷，积极启发，简明扼要。

（5）主持人应根据会议性质调节会议气氛，或庄重，或幽默，或沉稳，或活泼。

（6）主持人对会场上的熟人不能打招呼，更不能寒暄闲谈，会议开始前，或会议休息中可点头、微笑致意。

（三）会议发言者礼仪

会议发言有正式发言和自由发言两种，前者一般是领导报告，后者一般是讨论发言。

（1）正式发言者应衣冠整齐，走上主席台时步态自然、刚劲有力，体现一种成竹在胸、自信自强的风度与气质。

（2）发言者发言时应口齿清晰，讲究一定逻辑，简明扼要。说话有亲切感，音量不能过大，否则就会给人以缺乏修养、狂妄自大的感觉。

（3）如果是书面发言，要时常抬头扫视一下会场，不能只低头读稿，旁若无人。发言完毕，应面带微笑向听众的倾听表示谢意。

（4）自由发言则较随意，应要注意，发言应讲究顺序和秩序，不能争抢发言；发言应简短，观点应明确；与他人有分歧时，应以理服人，态度平和，听从主持人的指挥，不能只顾自己。

（5）与会者向发言人提问，发言人应礼貌作答。对不能回答的问题，应机智而有礼貌地说明理由；对提问人的批评和意见应认真听取，即使提问者的批评是错误的，也不应失态。

（四）会议参加者礼仪

（1）会议参加者应衣着整洁，仪表大方，按会议通知要求，在会议开始前5分钟进场，依会议安排落座。

（2）事先阅读会议材料或做好准备，针对会议议题汇报工作或发表自己的意见。

（3）开会期间把手机设置为振动或静音状态，保持会场肃静，如有需要请到会议室外通话。

（4）不从事与会议无关的活动。不私下小声说话或交头接耳；发言人发言结束时，与会者应鼓掌致意；中途离场应轻手轻脚，不影响他人。

（五）安排礼仪服务工作流程

礼仪工作一般包括会议礼仪服务人员的选择召集、工作程序分解、人员的礼仪培训、服务用具的准备、礼仪执行等程序。不同会议对于礼仪也提出了不同的要求。

1. 选择会议礼仪服务人员

（1）从组织内部的员工中选择。选择有经验、素质好、气质佳的人员。

（2）聘请专业礼仪公司或礼仪人士承担会议主要的礼仪服务。专业公司和人员有丰富的经验和专业的知识、程序，服务的质量会比较高。

2. 分解工作程序

对礼仪服务人员进行分工，接站、签到、引领等各个环节都应有相应的服务人员。

3. 培训会议礼仪服务人员

（1）对会议工作的宗旨和合作精神的培训。

（2）对会议礼仪知识和工作技能的培训。

（3）对会议的设备和用品的使用常识培训。

4. 准备服装用具

（1）礼仪服务人员的服装应统一并且与会场环境协调。另外，要根据会议的实际情况确定是否准备鲜花等物品。

（2）迎接一般的与会者不需要献花，但对于应邀而来的贵客不应省却献花这一环节，而且必须用鲜花。不要选择黄色、白色的菊花，因为那是丧礼上的用花。不同国家对于花语有各自的解读，如果是迎接外宾，就要根据来宾所在国的习俗选择鲜花。可以事先查阅礼仪方面的书籍，以免出错。

5. 礼仪执行

在礼仪服务过程中，要注意几个重点环节。

（1）接待礼仪及呈现。当接待人员看到有人向自己走过来并介绍自己的身份时，应该马上表示欢迎，献上鲜花、主动与对方握手、自我介绍，接过对方的大件行李（挎包、公文包由来宾自己拿着）。如果迎接者有好几位，应该由其中的秘书或其他职位较低者向来宾介绍自己一方，从身份最高者介绍起。

（2）引领。国际通行的礼仪是“以右为尊”，接待人员应该走在来宾的左前方一两步引路，同时用手示意，并明确告诉来宾：“我们现在去乘车，就在离这不远的停车场。请跟我来。”不要仅仅简单地说一声“我们走吧”，就自己先走了。

（3）乘车的座次安排。在这里主要介绍乘小轿车的礼节。首先，驾驶者的身份不同，决定了车上座位的高低；然后再根据乘车者的身份安排座次。

在上车前应当清点行李，向来宾确认行李件数，以避免忙中出错。如果到达目的地后才发现少了行李，不但找起来麻烦，且找到的可能性不大，将会极大地影响来宾情绪和与会的兴致。

引领的礼仪

（六）会议礼仪工作的意义

遵守会议礼仪规范对于成功举行会议、实现会议目标具有十分重要的意义。

1. 提高会议效率

会务活动综合性强，其中包含大量繁琐的细节，会议礼仪可以指导从业人员按惯例和规则办事，提高工作效率，减少工作失误，避免造成有关各方面的矛盾冲突，搭建沟通交流的平台，最终达成共识，解决问题。

2. 塑造良好形象

礼仪是人际交往的通行证，“不学礼，无以立”，会议活动本身就是传递个人形象及组织形象的过程。会议礼仪指导参会者合乎规范地展示自身形象，既可增强个人魅力，广结善缘，还可以提高组织知名度和美誉度，塑造良好的组织形象。

3. 展现职业精神

会议活动中体现出浓厚的人文精神、专业精神、团队精神等职业精神。工作人员之间、工作人员和与会人员之间的交往都以职业礼仪为准绳，充分体现出上述的职业精神，实现了礼仪的沟通、协调、维护、教育等功能，有效保证会议的顺利进行。

三、安排会议食宿

（一）安排会议餐饮

俗话说，“民以食为天”。与会代表在会议期间的饮食情况，直接关系到与会代表的身体状况和精力充沛与否，因此也会影响到会议的质量。

会议饮食工作的原则是保证与会代表吃得好，吃得安全，但又不浪费。在饮食安排上力求做到全面周到，要适当照顾少数民族代表和年老体弱者，照顾南北不同口味，满足与会者的饮食需求，保证与会者高效率地参加会议。秘书人员应提前到现场布置并检查组织工作的落实情况，并事先将座位卡及菜单摆上。在会议请柬上可注明与会者的席位，并在宴会上陈列宴会简图。

安排会议餐饮的注意事项一般包括以下几点。

（1）根据会议的经费和人员情况决定会议餐饮的标准。一般由主办方负责付费的会议餐饮，主办方会根据会议经费的预算情况，量入为出，制定统一的餐费标准。由与会者自己付费的餐饮，会议主办方一般要给予一定的补贴。

（2）秘书人员可根据会议的规模和性质来确定就餐方式，提倡自助餐制和分餐制。一般性的会议除了开头和结尾的宴会采取桌餐形式，大多采取自助餐的方式。

（3）秘书人员应提前与提供餐饮服务的单位确认就餐时间和地点。就餐时间根据会议活动的作息时间综合考虑；会议地点要确定每餐的具体地点，人数多时可多安排几个就餐地点。

（4）事先设计和确定就餐的凭证。

（5）要与饭店一起确定菜单，饮食要干净、卫生、美味可口、品种多。菜单应考虑口味的协调，注意辣、酸、咸、甜，软和硬，凉与热的平衡，确保品种与质地的完善，并且考虑颜色、口味、搭配、食品构成的组合；菜单设计应考虑民族习俗与地域差别，要照顾不同国家、不同民族与会人员的饮食习惯、风俗、禁忌，为有饮食禁忌的人员单独安排菜单。

做好饮水的供应和服务

（6）事先准备好干净的饮食用具。

（7）给因开会或服务工作误了用餐的人员预留饭菜。

（8）做好饮水、饮料的供应。

（二）会议住宿的常识

住宿安排是一项具体细致的工作，其首要的要求是让与会者住得舒服，与会者只有休息好才会有充沛的精力参会。

秘书提前编制住房分配方案，适当照顾长者、尊者和领导，要根据与会人员的职务、年龄、健康状况、性别和房间条件综合考虑，统筹安排；有时还要考虑地区集中，便于讨论；合理分配不同标准的房间，一般是根据房间的不同规格并结合代表具体情况列出住宿表；报经有关领导审定后，按表分配住宿，做到有条不紊。

安排住宿的注意事项一般有下列几点。

（1）秘书人员安排会议住宿方式的最简单方法是由与会者自己安排住宿，更有效和经济的方法是由主办方单位集体预订房间。

（2）秘书人员在选择住宿地点时应注意尽量靠近会场，最好是住宿房间与会场在同一地点，既方便与会者，也可以节省时间和交通费用。

（3）要根据会议活动的实际情况确定会议住宿宾馆房间设施的规格，注重安全性，不盲目追求高规格，尽量节省住宿费用。

（4）住宿环境要安静、整洁。

住宿环境要安静、整洁

（5）如果由与会者自己支付住宿费，就需要选择几家价格、条件不等的饭店、宾馆或同一宾馆不同标准的客房供与会者自己选择。

（6）与会者住宿的房间尽可能集中，有助于会务组和与会代表的信息沟通与事务联系，也便于与会者之间在休会期间进行非正式的沟通与交流。

（7）身份、职务相同的与会者，住房标准大体一致，如果自费出席会议者有特殊要求，则尽量满足。

（8）一般情况下，应首先照顾女性、年长者和职务较高的与会者，把他们安排在通风、向阳、卫生条件较好的房间。

（9）尽量不要把汉族与会者与其他有民族禁忌的少数民族与会者安排在同一房间。

四、会议成本的预算

（一）会议经费来源

会议经费的主要来源有：与会者交费、参展商交费、联合主办单位交费、广告商与赞助商的捐助、公司资金划拨、出售与会议内容相关的出版物、提供旅游等附加服务。

（二）会议成本预算

大中型会议投入的成本比较大，特别是跨地区的、会期超过一天的会议，对会议经费的管理要突出成本意识，加强成本控制和预算控制。会议成本包括以下两部分。

1. 显性成本

显性成本即会议明显的耗费。

如会场租借费、文件材料费，与会者的交通费、食宿费、活动费以及服务人员的工资等。这些费用是可以明显计算出来的，又是直接消费的。

2. 隐性成本

隐性成本即与会者因参加会议而损失的劳动价值，一般不为人们所注意。

通常会议成本预算是指显性成本。

（三）制定会议成本预算的原则

制定会议成本预算一方面要本着勤俭办公、节约办会的原则，尽量降低会议的成本；另一方面要有一定的弹性，要留有余地。

知识拓展

引导就座的小知识

日常的小型会议，与会人员一般都有自己的习惯座位。但多数会议需要与会者按照会前安排好的座位或区域就座。

有些小型会议也需要与会者有固定的座次，应在出席证或签到证上注明座号，并在每个会议桌上摆置名签，同时印制“座次表”发给与会人员；与会人员每一次入场的时候，会议人员应做必要的引导，以方便与会人员尽快入座。

召开大型会议时，为了方便与会者尽快就座和保持会场秩序，都需要会议工作人员采取某种方式引导入座。比如，在会议厅召开的大中型会议，一般都采用对号入座的方式或是将会场划分若干区域，以地区或部门行业为单位集中就座。根据不同情况，有的也可采取随便入座的方式。无论采取对号入座，还是随便入座，或是划分区域入座，都应设立指示座位的标志或由会议秘书工作人员引导入座。

相关链接

会议用品准备工作的基本要求

1. 制定会议用品的准备方案

在准备会议用品之前，秘书人员应制定一个周密的方案或者列一个用品准备清单，将所需物品的名称及数量详细列出。例如，召开选举型会议应当考虑到选票的发放环节、填写环节和统计环节所需的所有物品；如果是在炎热的夏季召开的会议，冷饮等是不可缺少的物品。总之，准备物品的方案考虑得越周全越好。

2. 用品准备工作需要虚心的态度和细致的工作作风

现在会议的种类、形式和名目五花八门，会议需要的物品也纷乱繁杂，秘书人员不可能对所有的用品需要都了如指掌。那么，除了要注意日常经验的积累外，还要虚心向有经验的人员请教，必要时还要听取有关领导的要求，沟通得越频繁、越深入，出错的概率就越低。认真、细致的工作作风是秘书人员的基本要求，也是工作责任心和事业心的体现。在准备工作中不怕任务重就怕不用心。

3. 准备会议用品应当经济适用

准备会议用品应符合会议需要，价格昂贵的不一定就适用。所以，准备用品时应考虑到有用、适用、够用和好用，既不能讲究凑合、以次充好，又不可大手大脚、铺张浪费。

任务九　书写开幕词和讲话稿

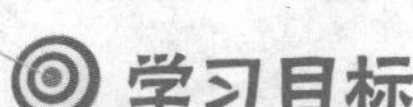

学习目标

1. 知识目标：了解开幕词和讲话稿的概念。
2. 能力目标：能撰写会议开幕词和讲话稿。
3. 情感目标：培养秘书人员公关礼仪的综合素养。

任务情境

为发展体育运动，增强学生体质，学校拟于金秋11月举办一年一度的校运会活动，校长要在校运会开幕式上致开幕词。

任务分析

不论召开什么重要会议，或开展什么重要活动，按照惯例，一般都要由主持人或主要领导人致开幕词。这是一个必不可少的程序，标志着会议或活动的正式开始。学生要明确开幕词由首部、正文和落款三部分构成。

能力训练

活动一：分组交流同学们所参加过的校运会开幕式情况。

同学们分组交流自己曾参加过的校运会开幕式情况，回忆开幕词。

活动二：分组讨论开幕词的作用。

同学们分组交流开幕词的作用，总结汇报后，教师做总结。

活动三：分组讨论讲话稿的作用。

同学们分组交流讲话稿的作用，总结汇报后，教师做总结。

练一练

请为校长写一份校运会开幕词。

____

____

____

____

相关知识

一、开幕词

（一）开幕词的概念

开幕词是会议讲话的一种，是党政机关、社会团体、企事业单位的领导人，在会议开幕时所做的讲话。旨在阐明会议的指导思想、宗旨、重要意义，向与会者提出开好会议的中心任务和要求。

（二）开幕词的特点

1. 宣告性

标志着会议的正式开始，给会议营造一种隆重的气氛。

2. 提示性

在开幕词中明确交代会议的议题，阐明会议的性质、宗旨、任务、要求和议程安排等，使与会者心中有数。

3. 指导性

开幕词中阐明会议宗旨，提出会议任务，说明会议的目的、指导思想和重要意义，这对会议朝着既定的正确方向顺利进行起到重要的指导作用。

4. 简短性

开幕词一般要求简洁明了、短小精悍，最忌长篇累牍、言不及义。语言要求通俗、明快，生动活泼，富有感情色彩，语气要热情、友好。

（三）写法和要求

开幕词一般分为首部、正文和落款三部分。

1. 首部

首部包括标题、时间和称谓。

（1）标题。

① 事由+文种。如"中国共产党第十一次全国代表大会开幕词"。

② 致词人+事由+文种。如"温家宝总理在禽流感防控大会上的开幕词"。

③ 复式标题，主标题揭示会议的宗旨、中心内容，副标题与前两种标题的构成形式相同。如"展示青春风采，传承奥运精神——湖南外国语职业学院第三届秋季运动会开幕词"。

④ 只写文种。如"开幕词"。

（2）时间。标题之下，用括号注明会议开幕的年、月、日。

（3）称谓。一般根据会议的性质及与会者的身份确定。

开头顶格写称谓，如"女士们、先生们"，"各位来宾、朋友们"或"各位代表"、"各位同学"、"同志们"，如有特邀嘉宾，可写作"尊敬的××先生、各位代表"等，并用冒号引起下文。

2. 正文

正文包括开头、主体和结束语三部分。

（1）开头部分。可以开门见山地宣布会议开幕，也可以对会议的规模及与会者的身份等做简要介绍，如"参加这次大会的代表有×××人，其中有来自……"，然后向与会者表示欢迎与感谢，对会议的召开表示祝贺。

需要说明的是，开头部分即使只有一句话，也要单独列为一个自然段，将其与主体部分分开。

（2）主体部分。这是开幕词的核心部分，通常包括三项内容：阐明会议的意义，通过对以往工作情况的概括总结，和对当前形势的分析，说明会议是在什么形势下，为了解决什么问题和达到什么目的而召开的；阐明会议的指导思想，提出大会任务，说明会议的主要议程和安排；为保证会议顺利举行，向与会者提出会议的要求和希望。

（3）结束语。开幕词的结束语要简短、有力，要求用带有号召力和鼓励性的语言，对与会人员提出希望与要求。写法上常以呼告语领起一段，如"预祝大会圆满成功!"

（四）例文

尊敬的各位领导、各位来宾，各位老师、同学们：

大家晚上好!

今晚华灯璀璨，彩旗飞扬。我们在这里隆重举行上海市××学校学生社团联合会第五届社团活动月开幕式，在这里，我谨代表上海市××学校团委对各位嘉宾的到来表示热烈的欢迎和由衷的感谢，并预祝本届社团活动月开幕式取得圆满成功!

看到今晚的社团活动月开幕式现场气氛热烈，同学们踊跃参与，我感到由衷的欣慰。社团是建设和弘扬校园特色文化的一面重要旗帜，是加强校园文化建设的内在要求，是提高学生综合素质的重要途径。

作为学校与社团之间联系的纽带和桥梁，社联起到了承上启下，协助社团共同发展的作用。一方面，使各社团内部的各项制度日趋完善，活动形式多样化，活动质量日益提高；另一方面，加强了各社团与校内其他部门、校外各兄弟院校的联系，充分宣传了我校社团的形象与特色。

因此，本次社团活动月以积极引导学生树立正确的社会主义荣辱观为核心，以营造我校良好的学术氛围为重点，以弘扬校园文化、构建校园文化新体系为方向。通过这次开幕式，可以让更多的同学了解本次活动月的内容，提高同学们的参与热情，为我校广大学生搭建一个锻炼和展示自我才华的舞台。

我希望：在院社联和各社团全体干部的共同努力下，通过本届社团活动月，能够为更好地提升我校形象，提高同学们的综合素质，创造浓厚的校园文化气氛，开创新局面做出更大的贡献!

最后，我祝愿上海市××学校学生社团联合会第五届社团活动月开幕式取得圆满成功!

谢谢大家!

二、讲话稿

（一）讲话稿的概念

讲话稿是讲话人为了在公众场合准确、全面地表达机关、单位或个人意见而事先准备的文字材料，也称“发言稿”。“讲话”和“发言”本是同义语，但由于约定俗成的原因，现在多数是把领导和主持人的发言称为“讲话”，其他个人或与会人员所说的，统称为“发言”。

讲话稿原则上应由讲话的领导人自己拟写，但有些重要讲话，虽以某领导人名义发表，实际上代表着一定组织和机关的意见，常由有关专门人员和部门协助起草。

（二）讲话稿的特点

1. 内容的针对性

讲话稿的内容是由会议主题和讲话者身份来决定的。因此在写讲话稿之前，必须要了解会议的主题、性质、议题，讲话的场合、背景，领导者的指示、要求，听众的身份、背景情况、心理需求和接受习惯等。

2. 篇幅的规定性

讲话是有时间限制的，因此对讲话稿的篇幅有特定要求，不能不顾具体情况长篇大论。一般来讲，表彰、通报、庆典等会议上的讲话稿篇幅不宜过长，以免喧宾夺主。

3. 语言的得体性

为了便于讲话者表达，易于听众理解和接受，讲话稿的语言既要准确、简洁，又要通俗、生动。另外，由于讲话具有现场性，因此撰写领导讲话稿时必须提前考虑和把握现场气氛和场合。

4. 起草的集智性

为了提高行政效率，领导的讲话稿经常由秘书代笔，然后经领导审核是否采用。有的部门还专设起草小组，领导一般要将写作的目的、背景、要求等对起草小组交代清楚，然后由起草小组分工协作，集体撰稿，并在起草的过程中反复讨论、修改，几易其稿，才提交领导使用。

（三）写法和要求

讲话稿一般由标题和正文两部分组成。

1. 标题

（1）事由+文种。如“闭幕式讲话”。

（2）讲话人的姓名＋职务＋事由＋文种。如“××董事在×××公司工作会议上的讲话”。

（3）复式标题，即由主标题和副标题组成。主标题一般用来概括讲话的主旨或主要内容，副标题则与第一种的构成形式相同。如“加强后勤建设，进一步开创后勤工作的新局面 ——××同志在×××会议上的讲话”。

2. 正文

正文由开头、主体和结尾三部分组成。

（1）开头。首先根据与会人员的情况和会议性质来确定适当的称谓，如“同志们”、“各位专家学者”等，要求庄重、严肃、得体；然后用极简洁的文字把要讲的内容概述一下，说明讲话的缘由或者所要讲的内容重点；接着转入正文讲话。具体有以下几种形式。

① 开门见山式：“我主张将我们全党的学习方法和学习制度改造一下。”[①]

② 提问启发式：“如何大力发展职业教育？就是要继续促进职业教育与普通高中教育协调发展；健全面向全体劳动者的职业教育培训制度；坚持以市场为导向深化职业教育教学改革。”

③ 背景交代式：“今年是实施‘十二五’规划的第一年，开局起步，事关重大，影响深远。第一季度已经过去，有必要对当前全市经济运行情况进行深入分析，研究解决重点难点问题，进一步明确二季度主攻方向，促进全市经济更快更好发展。下面，我讲三个问题。”

（2）主体。根据会议的内容和发表讲话的目的，可以重点阐述如何领会文件、指示、会议精神；可以通过分析形势和明确任务，提出做好工作的几点意见；可以结合本单位情况，提出贯彻上级指示的意见；可以对前面其他领导人的讲话做补充讲话；也可以围绕会议的中心议题，结合自己分管的工作谈几点看法等。

（3）结尾。结尾用以总结全篇、照应开头；表明态度、发出号召；或者征询对讲话内容的

① 选自《改造我们的学习》。

意见或建议，表示祝贺、诚意勉励等，达到言尽而意无穷。

（四）例文

教委王主任在市职业技术学校技能大赛开幕式上的讲话稿。

尊敬的各位领导、各位来宾，老师们、同学们：

大家上午好！

在各级领导的精心指导和大力支持下，经过全体工作人员的紧张筹备和辛勤努力，上海市职业技术学校技能大赛今天将拉开帷幕。借此机会，我谨代表市教委，向亲临比赛现场指导的各位领导、各位来宾，向全体参赛选手、指导老师，以及各代表队领队、裁判员表示热烈的欢迎！向长期以来关心支持职业教育发展的各级领导和社会各界人士表示衷心的感谢！

近年来，在各级领导的亲切关怀和大力支持下，我们按照“校企联动发展，产学研结合办学”的办学模式，大力发展职业教育，培养了一大批优秀专业技能人才，不仅为提高劳动者素质、促进剩余劳动力就业做出了积极贡献，也为加快经济又好又快发展提供了强有力的人才保障。

此次大赛的成功举办，必将极大地激发广大职教学子的学习热情，也必将对促进职业教育可持续发展、加快技能人才培养起到积极的推动作用。

我们将在大赛组委会的统一领导下，高质量、高水平地做好各项服务工作，营造严格温馨的竞赛环境，创造和谐怡人的生活条件，努力把此次大赛办成有影响、高质量、有特色的赛事，以完美的工作业绩回馈主办单位领导的厚爱。

最后，衷心祝愿各位领导、各位来宾在比赛期间生活愉快，预祝各位参赛选手取得优异成绩，预祝大赛取得圆满成功！

谢谢大家！

知识拓展

1. 开幕词的种类

开幕词按内容可以分为侧重性开幕词和一般性开幕词两种。侧重性开幕词往往对会议召开的历史背景、重大意义或会议的中心议题等，做重点阐述，其他问题一带而过。一般性开幕词则只对会议的目的、议程、基本精神、来宾等做简要概述。

2. 讲话稿与发言稿

讲话稿和发言稿在不作为公务文书时，两者可以通用；而一旦作为公务文书，应严格区别使用。讲话一般体现主办方或上级领导的意见，从整体出发，具有一定的原则性、政策性、权威性；发言一般体现参与方平级或下级领导的意见，从自身的实际出发，畅所欲言，具有一定的务实性、灵活性。如“在某个会议上的讲话”和“在某个会议上的发言”可能内容写法相同，但在实际使用时要注意标题的命名是选择“讲话”还是“发言”。

相关链接

北京奥运会开幕词

各位代表、各位来宾，同志们：

在全国人民以巨大的热情认真贯彻奥林匹克精神的大好形势下，一百多年的梦想终于实现。在世界各地体育事业专家、教授、学者沐浴春风、辛勤耕耘、踌躇满志地迈出新的步伐的时候，我们第29届中国北京奥运会开幕了。在此令13亿华夏儿女欢欣的美好时刻，我们向生活、工作、奋斗在世界各地的奥委会员和所有体育工作者，表示亲切的问候，向当选并出席本次奥运会的全体代表，表示热烈的祝贺，向光临奥运这一民族盛事的国家领导及各方贵宾表示热忱的欢迎和诚挚的感谢！

出席本次奥运会的24个国家和地区的398名代表以及4 200多名运动员，来自世界各地，代表着世界几万名会员，代表着一支属于现在、更属于未来的体育将军。今天我们大家在鸟巢欢聚一堂，共商发展和繁荣世界体育的大计。按照大会预定的议程，同志们在奥运会期间，要认真学习奥运精神，简单讲，奥运倡导的不仅仅是竞技荣誉，更为重要的是和谐发展。认真参赛，听取各国领导的讲话，深刻领会奥林匹克精神，从体育事业兴旺发达和民族振兴的高度，充分认识体育建设的重要性和迫切性，进一步明确体育工作的前进方向与美好前景，树立信心，鼓足干劲，为世界体育的发展与繁荣做贡献。我们这次代表大会还将审议通过第二十九届常务理事会的工作报告，讨论修改奥运会章程，并按照新的会章选举产生第三十届奥委会和主席团，以及宣布第三十届奥运会的主办者。我们每位代表要认真履行自己的光荣职责，完成奥运会的各项任务，促进奥运会圆满成功。

同志们，从1979年恢复席位以来到2004年，中国体育健儿已经参加6届夏季奥运会，获得了112枚金牌、96枚银牌和78枚铜牌。中国还参加了8届冬季奥运会，一共获得了4枚金牌，16枚银牌和13枚铜牌。中国运动员在奥运赛场上的出色发挥，证明了我国竞技体育的实力和水平。现在，在中华民族全面振兴、迎来光辉灿烂新纪元的历史时刻，振兴中华体育、再创世界体育辉煌的历史责任落在了我们肩上！

2008中国北京奥运，这是伟大的历史使命，是需要我们呕心沥血为之奋斗才能实现的艰巨目标！体育教练的肩膀，这头压着时代的重任，那头挑着人民的厚望，我们是极为活跃的文明创造力。体育是我们生命的活力所现。第29届中国北京奥运会也为体育运动员施展才华，提供了广大的舞台和很好的条件。在这样的舞台和很好的条件下，我们要实事求是地制定规划，满怀信心地赛出水平、赛出风格。体事恰如长江水，后浪永远推前浪。在四年后的第30届奥运会中，面对充满挑战的21世纪，我们更要紧握风云百年的奠基，以更高的成绩突破2008中国北京奥运的今天！

同志们，我们这次奥运会一定要发扬民主，加强团结，相互勉励，交流经验，明确目标，脚踏实地，鼓足干劲，把这次奥运会办成民主、团结、和平、鼓劲、繁荣的大会，办成振兴中华、再创辉煌的民族誓师盛事，办成世界奥运会史上一次具有突破性意义的盛会。

预祝大会圆满成功。谢谢大家。

项目三
会中服务及工作

项目介绍

一个中型以上的会议，开会的代表有可能来自全国各地，所以做好接站工作就非常重要，尤其是迎接重要的与会者，更要布置好安全保卫工作，并与新闻单位联系，准备采访和发布新闻消息。另外，做好会议的报到工作、安排好会议签到、做好会议食宿安排是开好一个会议的基础。

会议信息具有交流、深化、反馈的作用，以及提供决策依据、存储备查等功能，所以会议的信息汇总非常重要。

会议选举工作是一些重要会议必不可少的环节。

会议期间的重要文书工作主要包括会议记录、会议简报、会议决议和闭幕词等。

会议期间还有其他的一些服务工作，包括会场管理、就座安排、收发材料、安排侯会、内外联络、文娱活动、医疗保健、会议保密工作等。

任务一　接站、报到、发放材料

学习目标

1. 知识目标：掌握接站工作、报到工作的注意事项；了解会议文件的含义，熟悉会议文件的种类。
2. 能力目标：能够规范地做好会议接站、报到工作；能够做好会议文件的分发。
3. 情感目标：通过对本任务的学习，激发学生对会议秘书工作的兴趣。

Ⅰ 接站工作

任务情境

东海公司定于12月15日在杭州召开为期两天的新产品推广会，邀请了国内外十几家合作公司的管理人员、技术人员等近百人参加。此次会务工作由办公室负责。办公室主任王强将会议接站工作交给了秘书孙晓负责。孙秘书应如何操作?

任务分析

1. 确定迎宾规格

由于此次会议是新产品的推广会，邀请的与会人员是合作公司的管理人员、技术人员，迎接规格最好对等接待，所以孙秘书可以安排公司负责市场或技术的副总前往机场或火车站迎接。

2. 做好接站准备

孙秘书可以通过打电话等渠道确定与会人员数、身份，包括姓名、性别、年龄、职务、级别等，编制出与会人员抵达的时间表(包括与会人员的名单，飞机、火车等的班次及抵达的准确时间，与会代表的联络方式等)。同时在机场和火车站分别安排两辆面包车运送人员，分别安排两位接待人员和一位副总进行接待工作。接待人员人手一份接站时间和路线表。

3. 树立接站标志

考虑到此次会议与会人数较多，接待人员不可能对代表逐个接站，所以孙秘书可以在机场、火车站分别设立接待处，并醒目地挂好“东海公司新产品推广会接待处”字样的横幅。对于个别晚到需要接站的人员，接待人员也可手举欢迎标志，上书“欢迎×××先生（女士）”。

4. 掌握抵达情况

孙秘书应事先制作与会人员名单，随时统计好已抵达的与会人员，标注晚点人员情况并坚守接待岗位，保证全部接到。

5. 介绍宾主双方

与会人员抵达时，接待人员应及时迎上，先做自我介绍。如果与会者和副总系初次见面，接待人员应介绍宾主双方，介绍的顺序应该是先将副总介绍给来宾，然后介绍来宾中身份最高者，再按先主后宾的顺序介绍双方其他人员。

6. 安排与会人员上车

和与会人员见面认识后，接待人员应将其直接引导至事先准备好的车辆上，将其送往事先预订的宾馆。

能力训练

活动：分组模拟接站工作。

全班同学以8—10人为一个小组，每组同学分别扮演孙秘书、负责市场或技术的副总、接待人员、合作公司人员，围绕任务要求模拟此次接站工作。

练一练

请根据案例要求确定接站一般要考虑哪些要点。

____

____

____

II 报到，分发材料

任务情境

深圳新星公司承办了一个“中国民营企业发展之路大型研讨会”，邀请国内一批民营企业家参会，会议将于3月11日至3月13日在深圳西丽度假村召开，会期3天。会议的准备工作进行得非常顺利，3月10日是会议报到的日子，报到处设在会议举办地深圳西丽度假村，秘书钱娜负责此次的会议报到工作。她应如何规范地做好此项工作？

任务分析

1. 查验证件

查验证件的主要目的是确定与会人员的资格。钱秘书应根据会议通知的要求查验会议通知书，或单位介绍信，或身份证，或其他有效证件。

2. 登录信息

在确认报到人身份后，钱秘书应请与会人员在事先准备好的登记表上填写个人姓名、性别、年龄、单位、职务、联系地址、电话等相关信息。钱秘书制作的登记表格式见下表。

中国民营企业发展之路研讨会报到登记表
（3月10日）

序　号	姓　名	性　别	年　龄	单位名称	职　务	联系地址	电　话	房　号

3. 接收材料

钱秘书应统一接收与会人员随身带来的需要在会议上分发的材料，经审查后再统一分发给与会人员，以免由于与会人员在会场上自行分发而影响会议秩序或造成其他不良后果。

4. 发放文件、证件、文件袋等会议用品

钱秘书应在报到时将有关的会议文件、用品一并发给与会人员。重要会议文件必须履行签收手续，保密和需要清退的会议文件还要向与会人员发送“文件清退目录”，请其妥善保存，会后退回。

5. 预收费用

此次会议需要与会者缴纳一定的费用，如会务费、食宿费、资料费等，钱秘书应安排财会人员现场预收费用并开具收据给与会人员。

6. 安排住宿

会务组安排的此次会议的住宿地点即为会议举办地深圳西丽度假村。钱秘书应在会议之前安排好房间，并在现有条件下尽可能满足与会人员的要求。安排好住宿之后，钱秘书应在登记表上注明每个与会人员的房间号码，以便会议期间联系。

能力训练

活动一：分组模拟报到工作。

全班同学以8—10人为一个小组，每组同学分别扮演秘书钱娜、报到工作人员、民营企业家，围绕任务要求模拟此次报到工作。

活动二：结合接站、报到工作，制订接待方案。

假设秘书钱娜既要负责此次会议的报到工作，还要负责此次会议的接站工作，请帮她制订一份总的接待方案。

活动三：各组汇报，完善接待方案。

各组选派代表汇报接待方案，综合老师和学生的意见，完善接待方案。

练一练

请根据案例要求确定报到工作的要点。

____

____

____

____

相关知识

一、接站

（一）接站工作的重要性

会议如期举行，秘书应做好会议期间的服务与管理工作，而接站工作是跨地区、全国性和国际性会议活动接待工作的第一道环节。所谓接站，即会议接待人员在机场、码头、车站等场所迎接与会人员。

（二）接站工作的注意点

（1）对于有重要领导或外宾参加的会议，需要事先确定好迎接的规格，主办方应当派有一定身份的人士或地位相当的领导前往机场、码头、车站迎接。

（2）掌握好每位与会人员抵达的时间和方式。

（3）准备好接站必需的物品、器材和车辆。与会者集中抵达时，在接站处以及交通工具上要有醒目的接待标志。

（4）随时掌握并统计已经抵达的名单和人数，特别留意晚点抵达的与会人员，避免漏接。

（5）做好自我介绍及宾主双方的介绍。

（6）迎接重要的与会人员时应布置好安全保卫工作，并与新闻单位联系，准备好采访和新闻发布。

二、报到

（一）会议报到工作概述

会议报到主要针对需要集中住宿的大中型会议而言，是指与会人员从自己的工作单位或住地到达指定的开会地点时所办理的登记注册手续。而与会人员报到时，会议接待人员所做的有关工作即称为会议报到工作。

（二）接待工作的注意点

需要报到的会议应设立会议报到处，当与会人员到达会议报到处之后，会议接待人员应礼貌热情地接待，并注意如下事项。

（1）对与会人员的到来表示欢迎。

（2）在确认了与会人员身份之后，请与会人员在登记表上填写有关信息。

（3）应将事先准备好的会议文件和用品，包括会议须知等材料以及住宿房间的号码、餐券等发给与会人员。如果与会人员随身携带了在会议上分发的材料，应由会议接待人员统一接收，经审查后再统一分发。

（4）需要预收会议费用的会议，应在报到时安排财会人员现场收取并开具收据。

（5）尽可能引导客人到其住宿的房间，做简单介绍后提醒客人稍事休息，以解除旅途的疲劳，并叮嘱会议的第一项议程的时间、地点。

三、发放材料

（一）登记

不是所有的会议文件都要登记，有的要求详细登记，有的要求简略登记，有的则无需登记，视文件的重要程度和保密要求而定。做好文件的登记工作有利于文件的管理、查找、清退、统计和催办。会议文件的分发登记一般采用表格形式集中登记。登记表格式如下。

××会议文件发放登记表

序号	标题	密级	发文范围	份数	收文单位	签收人	清退要求	清退情况	备注

（二）封装

对于提前发出的会议文件，除了用传真、电子邮件等现代通信手段传递外，通过邮寄或机要通信渠道等形式传送的均需要用信封套装并封口。封装具有防止泄露文件内容、保护文件、避免磨损、便于携带递送等作用。对于与会人员报到时分发的会议文件，也应尽可能使用文件袋封装。封装的步骤如下。

（1）认真检查核对，明确文件的发送对象，确保发送的文件准确无误。要检查文件份数，检查有无附件，检查有无多发、重发、漏发的单位或个人，要检查需要清退的文件是否已写明清退要求。

（2）将文件装入文件袋后，封上口。封口要牢固，以免文件在传递过程中滑出。

（3）在封皮上仔细填写好收件人的姓名、地址与邮政编码。

（三）传递

根据会议文件分发的时机和要求的不同，可以采用如下几种传递渠道。

1. 邮局传递

用于会前分发的普通会议文件。一般可分为平信、挂号、快件等。凡采用挂号和快递的会议文件，应将有关单据妥善保存，以备查询。

2. 机要交通传递

机要交通是我国省部级以上的党政领导机关之间传递重要秘密会议文件的通信系统。所以，省部级以上党政领导机关之间的行文，应由机要人员传递。

3. 专人传递

对于内部会议或紧急会议，可派专人把会议文件直接送给与会人员。

4. 现代通信传递

如利用电报、传真、电传和电子邮件等方式传递会议文件，但是如果传送保密件，应采取加密措施。

5. 现场分发传递

会议期间使用的文件大多数可以在会议现场发出。特别是人数较少的小型会议，会议的信息资料还可放在会议桌上，由与会人员直接拿取。

现场分发还可分为签到（或报到）时发出和会中发出。较大规模的会议可在与会人员签到时由会务工作人员分发给与会人员，人数较多时，可多设几个摊点同时分发文件，每个摊点应竖有明显标识，并配备足够的工作人员，以免因分发文件速度慢而造成与会人员长时间等候，影响会议的准时召开。而对于中小型规模会议的主要文件及会务管理文件，如工作报告、议程、日程安排、作息时间表、会议须知等尽可能在与会者报到时分发。对于领导讲话、会议快报、简报及其他会议资料，可以在会中分发。所发文件或资料，如属要清退的，应在文件右上角写上收文人姓名，收文时要登记，为清退工作创造便利条件。

知识拓展

会议签到方式

签到是与会人员到会的第一件事。与会人员在进入会场时一定要签到，会议签到是为了准确地统计到会人数，更好地安排会议工作。有些会议只有达到一定人数才能召开，否则会议通过的决议无效。因此，会议签到是一项重要的工作，也是会中任务的重要内容之一。会议签到有以下几种方式。

1. 秘书人员代签到

小型日常会议由会议秘书人员、会议工作人员代为签到。会议秘书、工作人员事先造好参加本次会议的花名册，开会时，来一人就在该人名后画上记号，表示到会；缺席或请假人员也要用规定的记号标示。

2. 证卡签到

大中型会议一般采用证卡签到。会议工作人员将印好的签到证发给每位与会人员，卡上一般印有会议的名称、日期、座次号、编号等，与会人员在证卡上签好自己的姓名，进入会场时，将证卡交给会议工作人员表示到会。一些大中型会议多采用证卡签到的方法，这样可以避免在临开会时集中签到而造成拥挤。

3. 簿式签到

富有纪念意义的会议可采取簿式签到的方法。与会人员在会议工作人员准备好的签到簿上签署自己的姓名，表示到会。签到簿上的内容一般有姓名、职业、所代表的单位等，与会人员要逐项填写，不要遗漏。簿式签到的优点是便于保存，便于查找；缺点是只适合于小型会议。一些大型会议，参加会议的人数很多，如果采用簿式签到则工作量太大，时间太长，因此很少使用。

4. 座次表签到方法

会议工作人员按照会议模型，事先制定好座次表，座次表上每个座位填上与会人员姓名和座位号码，参加会议的人员到会时，就在座次表上销号表示出席。印刷座次表时，与会人员的座次安排要有一定的规律，如从×号到×号是某部门代表座位。将同一部门的与会人员集中在一起，便于与会者查找自己的座次号。采取座次表签到，使参加会议的人在签到时就知道了自己的座位号，可起到引导座位的效果。

5. 电子计算机签到

电子计算机签到快速、准确、简便，参加会议的人员进入会场，只要把特制的卡片放到签到机内，签到机就将与会人员的姓名、号码传到中心，并将签到卡退还本人。与会者的签到手续在几秒钟内就能办完，与会人员的到会结果则由计算机准确、迅速地统计并显示出来。

电子计算机签到是目前最先进的签到方式。在国外，这种签到方式已广泛用于各种大中型会议。

任务二　会议信息的收集

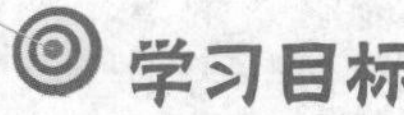

学习目标

1. 知识目标：了解会议信息的含义，掌握会议信息的作用；掌握会议信息收集的程序和方法。
2. 能力目标：能够规范地做好会议信息的收集工作。
3. 情感目标：通过对本任务的学习，使学生明白会议信息收集工作的重要性，从而强化个人的职业道德和素养。

任务情境

东海职业技术学院与东海信息技术学校就文秘专业中高职贯通的有关事项进行了多次探讨，小李作为文秘专业中高职贯通工作小组的秘书，全程参与了整个的申报过程，主要负责在工作进行过程中对会议信息进行收集、整理。在此工作期间，工作小组形成了较多的文件；在会议中，许多专家、教师也发表了不少意见。请问小李应该如何做好会议信息的收集工作？

任务分析

一个文秘人员在会议过程中应该做的工作包括如下几点：

1. 认真就与会代表的发言做好记录。
2. 会后就相关内容进行核实，确保记录内容的及时性和准确性。
3. 将这些内容进行整理和筛选，去粗取精。
4. 将整理筛选完毕的信息再次进行编写并印发。

能力训练

请根据收集的以下信息，完成活动一、二。

1. 组建中高职贯通领导小组、试点工作组和教学管理组。
2. 制订《中高职贯通文秘专业试点方案》、《教学实施计划》。
3. 教学过程控制。
4. 通过对首届学生情况调查，掌握第一信息。
5. 组建联合教研室、专业建设指导专家委员会。
6. 制订《中高职贯通文秘专业教学标准》。
7. 制订《中高职贯通文秘专业课程标准》。
8. 教学质量监控及总结。
9. 制订《中高职贯通学籍管理规定》。
10. 制订《招生简章（五年制中高职教育贯通培养模式）》。

活动一：请对以上信息进行分类，标准自拟。

上述的十份材料，可以简单地分为四类。

活动二：对分类信息列出标题。

可以从建立组织机构、制订相关制度、教学监控、收集相关信息几个方面来撰写标题。

练一练

请收集 2014 年全国职业教育工作会议上的有关领导的讲话，并列出讲话的要点。

相关知识

一、会议信息的含义、作用

这里讲的会议信息不是指开幕词、工作报告、闭幕词等已经形成的文件中所包含的比较成熟、集中的信息，而是指一般与会人员发言中所提供的零星、分散的信息，秘书应加以收集和编发。

会议信息具有交流、深化、反馈的作用，以及提供决策依据、存储备查等功能。

（一）交流

与会者往往来自不同的部门、单位、系统或地区，他们熟悉各种不同的情况，又往往有自己的见解和态度。因此，他们的发言及听取其他人发言就具有互相交流的作用。

（二）深化

与会者互相交流的同时，必然有个深化的过程。相同的意见互相补足、成熟、完整；不同的意见互相启发、切磋、争论、修正，模糊的意见会变得明朗，分歧的看法也可能取得一致。

（三）反馈

与会者若来自基层，来自生产、工作的第一线，他们所提供的情况、意见本身就是社会实践的反馈，往往具有更广泛的代表性。因此，值得高度重视。

（四）决策依据

与会者信息中正确、合理的部分，应被会议主席或与会的领导者吸收、采用，作为制定政策、策略或修改决策的依据。因为实践是检验真理的唯一标准，一切管理工作的基本过程就是“决策—执行—反馈—再决策—再执行—再反馈”的过程。

（五）存储备查

与会者信息中可能有一部分暂时对决策不起作用，但只要是真实的、新生的、有代表性的或确有见地的，也应加以重视，需要收集、整理、立卷、归档，以备日后查考之用。

二、会议信息收集的程序和方法

会议信息收集的基本程序是：记录、核实、汇总、整理与筛选、编写、发送或归档。其方法大致如下。

（一）记录

会议记录是会议内容和过程的真实凭证。一份完整、简洁、条理清楚的会议记录，可为以后回顾已讨论过的事务提供查阅参考，帮助了解当时做出了什么决定，以及为什么做出这样的决定。

会议记录主要是靠秘书做现场笔记，可采用通用文字记录或专业符号速记。重要的会议可由两名秘书同时记录。记录的详略应视内容的重要程度和意见是否重复而定。重要的、有新见解的应详记，即尽可能把每句话的意思都记下来，重复的则记其概要或表态。表态性意见对统计某个意见的代表性和赞同数量有用处。

大多数会议允许录音。当然，录音比笔记更具完整性，录音可供秘书在会后核对、补充或修改文字记录。但录音比起文字记录来仍处于次要地位，因其只适用于人数少、会场条件好的场合，且整理完整录音时需要比较强的辨听能力，所以只能作为一种辅助手段。何况，一些保密性会议根本不允许录音。

记录的方法还有摄影和录像。摄影可以记录画面、形象，录像不仅有连续的画面，还可同时保留声音。从这方面说，摄影和录像自然比笔记与录音又进了一步。但是，摄影只是静止的画面，录像一般也不可能是全过程，而只是几个重要的片段。因此，摄影的相片和录像通常只作为会议的宣传、补充和纪念之用。

（二）核实

秘书在会议现场做的发言记录很可能有遗漏或错误，需要会后及时予以核实。两位秘书同时记录的，需将两份记录对照、相互补充，合成一份较完整的会议记录。有录音的，应将录音与文字记录核对、补充或修改。会场上未听清的内容，尤其是重要的人名、地名、时间、数据、引文等，必须找发言人核实无误。

（三）汇总

小型的会议只有一份会议记录，自然比较简单。如果是大中型会议，或同时有几个会场，或有大会发言又有小组讨论，像这样信息来源不止一处时就需要汇总。信息汇总首先是把多种会议记录汇合在一起，或听取、记录各小组的口头汇报，或收阅发言人的发言稿，或是因某种原因不上台发言却提交了书面发言稿。总之，应将会议全过程中所提供的信息尽可能齐全、完整地收集、汇总在一起。

（四）整理与筛选

汇总的信息往往是大量而分散的，甚至是杂乱、良莠不齐的，必须加以整理。整理的第一步是归纳，即将多数的、同类的信息归纳在一起。剩下个别的，如果是重要的、正确的，自然也应该挑选出来，然后就进入第二步筛选。筛选就是过滤、挑选出有用的信息，同时把极少数陈旧、不真实、无意义的信息摈弃。

（五）编写

经筛选的信息，仍然是原始信息，须由秘书加以编写。编写的方法可以是归纳法，即秘书把共同的、有代表性的意见予以归纳、概括，用简明的文字重新表达。第二种方法是摘要法，即把重要的发言原文原句摘录。对相片、录音和录像则采取选用和剪辑的方法。总之，秘书应将会议的文字与录像信息编写并挑选出来，印制成资料，供与会人员学习参考。

（六）发送或归档

经编选、印制的材料，有利于会议进展的，应及时发送给与会人员。暂时不用，但日后有参考价值的材料，则应立卷、归档，以备会后查考之用。

知识拓展

网络时代如何有效收集信息

1. 精准的搜索引擎

我们上网获取信息，肯定离不开搜索引擎。有句话这样说，内事问百度，外事找谷歌。没错，这句话道出两个搜索引擎不同的特点。百度是世界上最大的中文搜索引擎，而谷歌却是世界上最大的搜索引擎。

2. 多内容的博客

博客一般是由那些在某个领域有一定水平的人创建的写作平台。他们有思考，有想法，也懂得分享。我们只要搜索一下，就可以得到大量的资料。

3. 推荐网站

使用推荐网站可以帮助我们找到比较精准的信息。比如你想要读一本书，但是自己也不知道想读什么类型的书，可以上豆瓣或者亚马逊等网站。这类网站不仅可以推荐图书，还能管理你的阅读。

任务三　会议选举工作

学习目标

1. 知识目标：了解会议选举的含义、意义及作用；掌握会议选举的程序。
2. 能力目标：能够规范地做好会议选举工作。
3. 情感目标：通过对本任务的学习，让学生认识到会议选举工作的严肃性和庄重性。

任务情境

为加强企业民主建设，保障职工代表合法权益，促进企业健康发展，前程公司决定召开职工代表大会以选举职工代表委员、职工代表主席。王佳作为公司办公室主任，应该如何操作这次选举工作呢？

任务分析

王佳作为公司办公室主任，操作这次选举工作应当从以下几个方面来考虑。

1. 确定选举的程序与要求

各工会小组在选举前，首先向职工宣讲职工代表大会的性质、意义和职责，职工代表的权利、义务和选举办法等，确定代表人数比例和条件。第二，向全体职工公布候选人情况。第三，职工采取无记名投票，选举职工代表，多选无效，可以弃权。第四，获得选举单位全体会员半数以上选票时，方可当选。

2. 制定职工代表的产生的条件

（1）工作业绩完成较好，在本职岗位上较为突出。（2）与公司职工关系融洽和谐，乐于助人。（3）有集体责任感和荣誉感，积极参加公司组织的各种活动。（4）认真执行公司各项规章制度，无违法违纪现象发生。

3. 确定职工代表的名额的分布比例

例如，其中一线员工代表比例不低于50%；女职工代表比例不低于本企业女职工占全体职工人数的比例30%；管理人员、行政人员代表不低于30%。

能力训练

活动：请为前程公司的职工代表大会设计一个选票模板。

要注意：（1）选票一般以表格的形式出现。（2）在表格的下方一般有填写选票的注意事项。例如，选票符号要准确，字迹要清楚；同意的画"○"，不同意的画"×"；填写完选票后，认真检查核对一下，是否符合选票填写说明的要求，有无差错和不清楚的地方；写完票后，把选票按原样折好，投入票箱。

练一练

请为前程公司的职工代表大会选举撰写一个实施办法。

____

____

____

____

相关知识

会议选举的程序

（1）清点到会代表人数。大会执行主席向大会报告应参加大会的代表人数和实际参加大会的代表人数。在确认有选举权的到会人数符合规定人数后，即可进行选举。

（2）通过大会选举办法。

（3）通过大会总监票人、监票人名单，宣布大会总计票人、计票人名单。

（4）宣布下届委员会委员（候补委员）名额和候选人名单。

（5）监票人当场检查票箱，计票人分发选票。大会执行主席说明填写选票的注意事项（也可由大会工作人员宣读）。

（6）选举人填写选票，并在工作人员引导下进行投票。

（7）监、计票人清点选票，确认选举是否有效。

（8）计票人在监票人监督下计票。

（9）报告被选举人得票情况。进行预选的，由总监票人向主席团报告；进行正式选举的，由总监票人向主席团和大会报告，并由大会执行主席向大会宣布当选人名单。

相关链接

××工会第×届会员代表大会选举办法

一、根据《中国工会章程》和《中国工会法》的有关规定，制定本办法。

二、工会第×届委员会和经费审查委员会由第×届会员代表大会选举产生，选举由大会主席团主持。

三、工会第×届委员会由委员×人组成，按委员实行差额选举的办法。工会第×届经费审查委员会由委员×人组成，实行等额选举。

四、工会委员会候选人，经费审查委员会候选人提议名单，报请党委和上级工会审查同意，提交会员代表大会通过后进行正式选举。

五、出席本次代表大会的正式代表，都有选举权和被选举权。凡在职会员，都有被选举权。列席代表不参加选举。

六、工会第×届委员会和经费审查委员会委员的选举采用无记名投票方式进行。候选人得票数超过应到代表的半数，始为当选。

七、工会第×届委员会和经费审查委员会委员的正式选举，分两张选票，均一次投入票箱，分别记票。

八、选举时，参加选举的代表必须超过应到会正式代表的三分之二，方可进行选举，收回的选票等于或少于发出的选票，选举有效，收回的选票多于发出的选票，选举无效，应重新选举。每张选票所选举的人数，等于或少于应选人数的为有效票，多于应选人数的为废票。

九、选票由大会筹备组统一负责制作，选票上的候选人，代表可表示同意、不同意或弃权。同意，就在其姓名上方空格内画“○”，不同意画“×”；如另选他人，就在画“×”候选人姓名下边的空格内写上自己要选人的姓名，并在其上方的空格内画“○”。

十、在大会主席团领导下，设总监票人1名，监票人1名，总监票人和监票人有大会主席团提名，大会通过。计票人×名，由大会主席团指定。

十一、大会设票箱一个，投票时总监票人、监票人先投票，然后主席团成员和代表依次投票。

十二、投票结束后，当场打开票箱，取出选票，并由总监票人将实际投票张数报告大会执行主席，由大会执行主席宣布选举是否有效。

十三、计票完毕，总监票人向大会执行主席报告计票情况，由大会执行主席向大会宣布选举结果。

十四、本次大会通过选举办法和监票人名单，均采用举手表决方式。

十五、本选举办法的解释权属于大会主席团，选举未尽事宜，由大会主席团临时决定。

十六、本选举办法由本次代表大会通过后执行。

任务四　会议记录和会议简报

学习目标

1. 知识目标：掌握会议记录、会议简报。
2. 能力目标：能根据现场会议，做会议记录，编写会议简报。
3. 情感目标：养成听、写与汇总的习惯；树立起真实的责任感。

任务情境

在踏入职校后的第一次运动会即将召开之际，为了加强同学之间的相互了解，提高所有班级成员的凝聚力，增强集体荣誉感，让同学们产生一种“共以六班为荣”的向心力，班主任秦老师特意召开一次以增强班级凝聚力为主题的班会。会上，她以团结相关的名人名言导入；再以小活动“你对同学知多少”、小游戏“你来比划我来猜”等互动活动让学生体验团结力量大，增进彼此的了解；接着以“运动会，我能为本班做什么”为主题，谈想法；最后秦老师就本次主题班会进行总结。

任务分析

会议记录是会议的第一手材料，是会议内容的客观反映。现场记录速度快，工作紧张，特别是详细记录时需要有话必录，会议记录人员不可能书写工整。有些即席发言的记录口头语多。因此需要对会议记录做及时整理。整理会议记录时要对会议记录做全面检查，对错字、别字、漏字、字迹不清的地方和其他遗漏处要改正和补写；把速记符号变为文字，简写的专门术语也要补充完整；应将发言人的口头语改为书面语言；语句不通顺、条理不清楚的地方，要在不改变原意的基础上做适当调整；对会上没有弄清楚和发言者表达不清的地方，要及时找到有关人员核对。

在整理会议记录的基础上，认真撰写会议简报。会议简报是为了交流情况、提高会议的质量而撰写的，要真实地反映会议情况，文字要简练、篇幅要短小，记录会议中的一些重要问题而不是流水账。那么如何更好地做会议记录，编写好会议简报？

能力训练

活动一：分组模拟"增强班级凝聚力"主题班会。

全班分成若干小组，每个小组有6名学生，分别扮演班主任和学生。其中一名学生负责做好会议记录。

活动二：会议结束后，根据会议内容整理会议记录，并起草会议简报。

会议简报通常由报头、正文、报尾三部分构成。要写明时间、地点、内容等，不要用第一人称写。语言要求简洁明了，但是得把事情说清楚。

练一练

1. 请设计一份会议记录的格式。

____

____

____

____

2. 请设计一份会议简报的格式。

____

____

____

____

相关知识

一、会议记录

（一）会议记录的要求——准确、完整

会议记录要忠实于事实，不能夹杂记录者的任何个人情感，更不允许有意增删发言。

1. 准确

准确写明会议名称（要写全称）、开会时间、地点、会议性质等。

2. 完整

完整的会议记录指的是记录完整，主要有包括以下两方面。

（1）详细记下会议主持人、出席会议应到和实到人数，缺席、迟到或早退人数及其姓名、职务、记录者姓名。如果是群众性大会，只要记参加的对象和总人数，以及出席会议的较重要的领导成员即可；如果是某些重要的会议，出席对象来自不同单位，应设置签名簿，请出席者签署姓名、单位、职务等。

（2）忠实记录会议的发言和有关动态。

（二）会议记录的内容

会议记录应包括以下内容。

（1）会议的组织情况，包括会议的名称、开会时间、开会地点、出缺席和列席人员、主持人的姓名、记录人的姓名，有些会议还要写清楚会议的起止时间。

（2）会议的内容，包括发言人的姓名、发言的内容（包括讨论的内容、提出的建议、通过的决议等）。

（三）会议记录的格式

<table>
<tr><th colspan="2">××公司办公会议记录</th></tr>
<tr><td>时　间</td><td>×年×月×日×时</td></tr>
<tr><td>地　点</td><td>×××</td></tr>
<tr><td>出席人</td><td>×××、×××、×××、×××、×××</td></tr>
<tr><td>缺席人</td><td>×××、×××、×××、×××、×××</td></tr>
<tr><td>主持人</td><td>×××</td></tr>
<tr><td>记录人</td><td>×××</td></tr>
<tr><td colspan="2">会议主要内容：
一、主持人发言：（略）
二、与会者发言：×××（略）、×××（略）、×××（略）
三、决议：（略）
四、会议于×时×分结束。

主持人：×××（签名）
记录人：×××（签名）
本会议记录共×页</td></tr>
</table>

二、会议简报

（一）会议简报的基本概述

会议简报是较大型和重要的会议用来专门报道、交流会议主要内容、进展情况、反映与会人员意见和建议的一种文字形式，能起到引导会议健康发展的作用。

（二）会议简报的特点

会议简报具有一般报纸新闻性的特点，又有自身特点。

（1）内容专业性强。

（2）篇幅简短、语言简明精练。

（3）限于内部交流。

（三）会议简报的结构

会议简报通常由报头、报身（正文）、报尾三部分构成。

1. 报头

同其他简报一样，会议简报也有一套专门设计的固定版式。正中用醒目大字标明简报名称，报名下要标明编印机关、印发日期、编号；简报名称可由会议名称和文种类别（简报）组成，也有的只标“会议简报”字样；编号常用括号标在标题正下方，靠近标题的地方。

2. 报身

又称正文，是会议简报的主体。会议简报正文的写法，要根据具体情况来定，通常有以下三种。

（1）综述法。由编者采集各方面的言论、意见加以概括而成，相当于一份会议的综合报道，将会议的进程、出席情况、会议的发言和议程等全面地加以反映。

（2）重点报道法。重点反映会议的某个重要报告的内容，如小组讨论情况，一个或几个人的发言等。

（3）摘要法。摘选有代表性的概要，供与会者参阅。

3. 报尾

报尾在简报最后一页的下方，注明主送单位或个人姓名、抄送单位、增发单位和印发份数。

（四）会议简报的格式

密级

× × 会 议 简 报

（第××期）

××××××编
×年×月×日

（按语）××。

（标题）××××××××××

（导语）×××××××××××××××。
（主体）×××。
（结尾）××××××××××××××××××××××××××××××××。

送：×××、×××
共印××份

知识拓展

一、会议记录的方法

1. 摘要记录法

只记会议传达、讨论的要点决定事项，不必有话必录。一些可有可无或重复的发言内容，可从略。

2. 详细记录法

每个人在会上的发言、讲话，无论重复与否，全部照录。但如照稿宣读，则只需记稿本以外的插话和补充、解释部分。

3. 录音整理法

录制会议实况，据此整理或修改记录稿。

二、会议简报的写作方法

1. 指导式写法

即采用新闻报道的形式，反映会议情况，这种写法要求简报编写者对会议情况进行综合分析，择取有价值的内容。

2. 转发式写法

即直接登载某些代表的发言，在其前面加上一定的“按语”或“评论”，以强调转发内容的意义。简报印制数量和发送范围应视简报内容而定；简报发送前，一些重要的发言，要送发言者检阅，避免曲解原意。会议简报编排时，应编上整个会议的总顺序期号，以便之后的分类归档。

相关链接

会议记录的正文部分包括内容

（1）会议中心议题以及围绕中心议题展开的有关活动。

（2）会议讨论、争论的焦点及其各方的主要见解。

（3）权威人士或代表人物的言论。

（4）会议开始时的定调性言论和结束前的总结性言论。

（5）会议已议决的或议而未决的事项。

（6）对会议产生较大影响的其他言论或活动。

任务五　会议决议和闭幕词

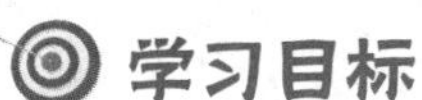

学习目标

1. 知识目标：掌握会议决议和闭幕词的格式和写法。

2. 能力目标：掌握会议决议和闭幕词的写作技巧，强化会议决议和闭幕词的写作能力。

3. 情感目标：通过学习会议决议与闭幕词，培养高度的责任感和树立主人翁的意识。

任务情境

柳州宝俊电器制造股份有限公司于2014年5月5日以书面形式发出第一届董事会第五次会议通知，并于2014年5月15日上午10：30在公司会议室召开了该次会议。会议由董事长张健主持，应到董事6人，实到6人，公司监事会监事及高级管理人员列席了会议。会议审议并一致通过了关于成立"柳州宝俊电器制造股份有限公司分公司"的决议。

决议的主要内容如下：

1. 为了拓展业务，柳州宝俊电器制造股份有限公司决定在柳州市城中区桂中大道16号成立一家分公司；该分公司主要经营家用电器的制造与销售业务；初步经营年限为50年；分公司的人员编制暂定为50人。

2. 聘请李林出任分公司总经理，其个人简要情况如下：

性别：男。

出生日期：1975年8月8日。

国籍：中国。

学历：硕士。

专业：工商管理。

毕业学校：××大学管理学院。

工作经历：2000年7月—2009年9月就职于柳州市公贸大厦，任经理助理；2009年10月至今，就职于柳州宝俊电器制造股份有限公司，任总经理助理。

请你据此编写一份会议决议，以及会议闭幕词。

任务分析

会议决议用于经会议通过的重要决策事项，一经公布，必须坚决执行。会议闭幕词是一些大型会议结束时，由有关领导人或德高望重者向会议所做的讲话，具有总结性、评估性和号召性的特点。由此可见会议决议和会议闭幕词的重要性。因此，及时撰写好这两份文字性材料，是秘书人员在会议管理过程中的主要任务之一。

能力训练

活动一：撰写本案例中的会议决议。

全班同学以8—10人为一个小组，各组根据情境背景撰写会议决议。

活动二：各组拟写会议闭幕词。

各组根据会议情况拟写会议闭幕词。

活动三：各组汇报，声情并茂演讲会议闭幕词。

各组选派同学向全班演讲会议闭幕词。

练一练

根据案例要求撰写一份会议决议。

____

____

____

____

相关知识

一、会议决议

（一）会议决议的概述

会议决议是经某一级机关或组织机构的法定会议对某一议题进行集体讨论，由法定多数表决通过，然后形成正式文件，并以会议的名义公布的重要事项。

（二）会议决议的特点

1. 权威性

会议决议是在会议讨论通过的前提下，做出了具体的规定和要求，履行法定的权力，所以要求强制有关部门贯彻执行。

2. 指导性

会议决议往往写得比较概括，原则性条文多，下级机关在贯彻执行时，多数还要根据“决议”制定相应的具体办法或实施措施。

（三）会议决议的写法

会议决议由首部和正文两部分组成。

1. 首部

包括标题和成文时间两个项目。

（1）标题。决议的标题有两种形式：一种是由发文机关（或会议名称）、事由和文种构成；另一种是事由和文种构成。

（2）成文时间。即决议正式通过的日期。一般放在标题下，在小括号内注明会议名称及通过时间，也可只写年月日。

2. 正文

正文是决议的主体，其写法大体有两种：一种是决议事项的内容简单、单一，写作时可以一段成文。写作时直截了当地写明：何时，经什么会议，通过决定了什么事情，无需做出说明，也不做任何分析议论。另一种是比较复杂的多段式，需做出说明，需要做分析讨论。不过，不管什么类型的决议，其正文一般都由前言、主体和结尾三个部分组成。

（1）前言。会议决议的前言部分要写明会议决议的根据（缘由）。

① 什么时间、什么地点，召开了什么会议，会议讨论了什么、审议了什么、批准或通过了什么，自何时生效等。

② 简要说明有关会议审议决议涉及事项的情况，陈述做出决议的原因、根据、背景、目的或意义。这部分内容要写得理由充分、目的明确。

（2）主体。决议的主体是会议决议的事项（内容）。写明会议通过的决议事项；或对有关文件、事项做出的论断；或对有关问题、事件做出的评价、决定；或对有关工作做出的部署安排和要求。比如，东海职业技术学院教代会批准×××同志代表校行政所做的2015年学校工作报告。

（3）结尾。有的决议由于内容单一，不必单列这一部分，主体结束全文也就自然结束了。多数决议有结尾，一般紧扣决议事项有针对性地提出希望、号召和执行要求。

（四）会议决议的格式

××公司会议决议

<table>
<tr><td colspan="3">会议名称：</td><td colspan="3">召集部门（人）：</td></tr>
<tr><td colspan="2">日期：</td><td colspan="2">会议时间：</td><td colspan="2">地点：</td></tr>
<tr><td colspan="6">与会人员：</td></tr>
<tr><td colspan="6">缺席人员：</td></tr>
<tr><td colspan="2">会议主持：</td><td>记录：</td><td>应出席人数：</td><td colspan="2">实出席人数：</td></tr>
<tr><td>NO.</td><td colspan="2">决议事项</td><td>完成时间</td><td>责任人</td><td>备注</td></tr>
<tr><td></td><td colspan="2"></td><td></td><td></td><td></td></tr>
<tr><td></td><td colspan="2"></td><td></td><td></td><td></td></tr>
<tr><td></td><td colspan="2"></td><td></td><td></td><td></td></tr>
<tr><td></td><td colspan="2"></td><td></td><td></td><td></td></tr>
</table>

附：该表无法详细列明的事项可另行附加附件对其进行说明。

主持人签发：

二、闭幕词

（一）闭幕词的基本概述

闭幕词，是会议的主要领导人代表会议举办单位，在会议闭幕时的讲话，其内容一般是概述会议所完成的任务，对会议的成果做出评价，对会议的经验进行总结，对贯彻会议精神提出要求和希望。

（二）闭幕词的作用

闭幕词对于会议具有十分重要的作用，这主要表现在以下几点。

1. 宣布会议闭幕

闭幕词标志着会议的胜利结束，是整个会议的最后部分。

2. 总结会议的情况

闭幕词往往会概括会议的历程，反映与会人员的情绪和会议的气氛，这就能加深与会人员对会议情况的了解。

3. 肯定会议成果

闭幕词也往往会陈述会议所达到的目的，肯定会议中提出的合理化建议与正确意见，这有利于与会人员进一步把握会议精神。

4. 提出会议希望

闭幕词还往往对与会人员和广大人民群众提出希望，发出号召，这就有助于会议精神的发扬光大。

（三）闭幕词的特点

闭幕词主要有总结性、概括性、号召性、口语化等特点。

（四）闭幕词的写作方法

闭幕词在结构上一般分为四部分。

1. 标题

闭幕词标题的形式和写法与开幕词相似，只是把“开幕词”的字样换成了“闭幕词”。

2. 开头

和开幕词一样，开头第一句话在头行顶格写上称呼，后面加上一个冒号；接着在第二行空两格，用一两句话说明大会胜利地完成使命；有的还在这之前简要地概述会议议程顺利进行的情况；有分寸地对会议的成绩、收获的意义做出评价。

3. 主体

这一部分是闭幕词的重点。它要求：一方面层次清楚、重点突出地总结会议讨论通过的各类重要事项、文件和总的精神，另一方面提出对这次会议的文件和会议精神贯彻执行的具体意见和要求。

4. 结尾

这部分或说明会议取得圆满成功的主要因素；或用生动、形象、明快、坚定的话语，简要地提出号召、希望和祝愿，使大家感到鼓舞和振奋；或以热情的语言对为大会成功的召开而辛勤工作的人们表示感谢。最后则往往用一句话庄严宣布会议胜利闭幕。

（五）闭幕词的撰写要求

闭幕词对总结和概括会议精神具有重要作用，闭幕词的撰写应注意以下几点。

1. 从会议的实际出发

闭幕词要针对会议的实际情况去写，不能离开会议主观地另搞一套；要针对会议上的主要问题，予以阐述和肯定；要与会议的开幕词、日程、议题相照应，并要反映出会议的气氛。

2. 补充会议的内容

对会议虽未涉及但在会议期间已认识到，而且又确应加以强调和阐述的问题，应在闭幕词中予以提出、强调和阐述。

3. 高度的综合概括

应准确地把会议的成绩、收获及精神归纳整理出来，使与会人员获得清楚的认识。

4. 富有号召力

要用鼓舞性的语言发出号召，以调动各方面的积极性，激发与会者的斗志，增强他们的信念与信心，使会议达到高潮而圆满结束，给人留下深刻、美好的印象。

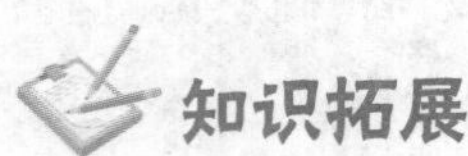

知识拓展

“决议”和“决定”的比较

在实际运用中，可以对“决议”和“决定”做以下区分。

1. 从制作程序上区分

“决议”须经某一级机关或组织机构的法定会议对某一议题进行集体讨论，由法定多数表决通过，然后形成正式文件，并以会议的名义公布。而“决定”却不一定经过法定会议讨论通过的程序。它既可以是某种会议讨论研究的成果，形成正式文件予以公布，也可由各级领导机关直接制作并予以公布。因此，可以认定，凡未经有关法定会议讨论通过这一程序，而是以领导机关的名义发布的议决性文件，就只能使用“决定”。

2. 从作用上区分

“决议”一律要求下级机关执行。而“决定”只有“部署性决定”才要求下级机关执行，“宣告性决定”只起知照性作用，一般不要求下级机关执行。

3. 从内容上区分

（1）在会议讨论通过的前提下，凡做出了具体的规定和要求，履行法定的权力，强制有关部门贯彻执行的，用“决定”。若只是简要地表示肯定或否定的意见，履行法律程序，指导有关部门遵照办理的，用“决议”。（2）由会议或领导机关直接制定发布行政法规，用“决定”。由会议审议批准某项议案、重要报告、法规，用“决议”，所审议批准的条文作为“决议”的附件。（3）授予荣誉称号或给予处分，用“决定”。审议机构成立或撤销，用“决议”。

4. 从写法上区分

公布性决议、批准性决议一般写得比较简要、笼统。阐述性决议除指出指令性意见外，还要对决议事项本身的有关问题做若干必要的论述或说明，即做一些理论上的阐述。

“决定”的写法与“决议”大不相同，它不多说理论上的道理，而往往着重提出开展某项工作的步骤、措施、要求等。“决定”要求写得明确、具体一些，措施也更易落实，行政约束力强，可以直接成为下级机关行动的准则。而“决议”往往写得比较概括，原则性条文多，下级机关在贯彻执行时，多数还要根据“决议”制定相应的具体办法或实施措施。

相关链接

杭州市××职业学校运动会闭幕词

各位老师、各位同学：

杭州市××职业学校第二十届田径运动会经过两天的激烈角逐即将落下帷幕。两天时间的比赛很短暂，但我们看到了运动员们精神饱满，奋力拼搏，使整个比赛精彩纷呈。全体裁判员、工作人员认真执法，恪尽职守，为校运会的顺利进行做出了贡献。

这次运动会出现了很多感人的场面和镜头。领导、教职工的参赛体现了为人师表的风范；同学们为教师加油助威体现了师生关系的和谐融洽；长跑终点的搀扶体现了同学们互帮互助的优良品质；校内的垃圾经常有同学义务捡起，体现了学生的文明素养。本次大会给运动成绩优秀的班级颁发了物质奖励和奖状，评选了体育道德风尚良好班级，在这里，我代表大会组委会对以上班级和个人表示衷心的祝贺。我们是未来时代的强者，胜利永远属于不服输的人，胜利永远属于××职业学校全体师生。这是一次团结的大会，一次胜利的大会，是我校一次继往开来的体育盛会，今天校运会虽然结束了，但是运动场上那奋发向上，团结拼搏，勇争第一的精神却会永远燃烧在全体师生的心中。

同学们、老师们，让我们继续努力，共同创造更多的辉煌！

任务六　会中其他服务工作

学习目标

1. 知识目标：掌握会场内外的服务技巧，了解会议中秘书人员的服务内容。
2. 能力目标：能承担会前检查、签到、引导就座、分发文件、会间茶歇以及会中保密等工作。
3. 情感目标：通过学习，培养会中服务的能力及责任心。

任务情境

今天，柳州宝俊商业股份有限公司投资兴建的商场开业，为进一步加强工商合作，公司决定召开商品供货商业务恳谈会，邀请年供货500万元以上的30家企业老总莅临共谋发展，同时为该商场开业剪彩。

会议开始前，负责这次大会会务工作的公司办公室主任张丽习惯性地在会场巡视了一遍，检查有无不足之处。她发现了几个问题：门口迎宾的人数不够，可能导致签到、引导就座出现问题；准备的会议材料没有分门别类；茶水间的电源出现问题。然而，会议即将开始，现在准备已经来不及。事后，张丽因此受到了批评。

任务分析

在会场中，秘书人员要承担起会场内的服务、会场外的管理等任务，秘书人员有条不紊的工作是保证会议顺利进行的一个必要条件。会场服务是保证会议顺利进行并取得圆满成功的重要环节，会场服务的工作内容很多，主要包括会前检查、签到、引导就座、分发文件、维持会场秩序、内外联系与传递信息、处理临时交办事项、做好会议记录、收集会议资料、编写会议简报，以及做好经费、食宿、交通、活动、保卫等安排。

练一练

请列举会中服务要注意哪些细节。

____

____

____

能力训练

活动一：分组模拟会中服务工作。

全班分组进行，每小组6—8人，小组中的每个成员均需要扮演一次秘书，负责会务服务，其他学生轮流扮演总经理及会议代表，完成以下训练：

（1）编制会议签到表。

（2）签到、分发文件。

（3）引导就座。

（4）茶歇服务。

活动二：分组商议如何进行住会服务。

请列举一个会议的住会服务要考虑的因素，包括登记、安排房间、住宿服务、娱乐活动、餐饮等几个方面。

相关知识

一、会场服务

会场服务除前文已经提及的签到、引导就座、分发会议文件之外，还有以下两点。

（一）内外联系，传递信息

会议进行过程中，需要会议工作人员进行内外联系，传递信息。如有关部门的紧急情况要转达与会者，传递信件、电报、接电话等。在内外联系、传递信息时，会议工作人员应该注意会议内容的保密，任何保密的会议内容都不可泄漏出去。

（二）维持会场秩序

制止与会无关的人员进入会场，保证会议地点安全。会议进行时如发生混乱，会议工作人员要及时制止和调停，特别是重要的密级较高的会议，防止在混乱中发生意外情况。

二、住会服务工作

（一）组织参观访问和文娱活动

（1）会期超过两天，会议主办方一般要安排一定的活动以便与会人员之间有时间进行沟通交流。除了晚宴之外还可以安排参观和娱乐项目。

（2）参观和娱乐活动的成本应包括在会议预算中，并事先进行审核。

（3）安排会议参观与娱乐活动的项目应尽量与会议主题联系密切，应事先精心设计，不要临时凑合。

（4）安排的活动项目，应在与会人员报到时告知，便于与会人员做好相应的时间安排。

（二）医疗保健

大型会议应制订紧急医疗计划，特别是与会者年龄比较大，或安排有拓展训练等野外活动的会议更应如此。根据会议的类型、性质、与会人员的特点，我们可以采用以下几种医疗保障措施。

（1）在会议驻地附近，事先联络好紧急医疗机构。

（2）成立会场医务室，由医务人员在会场值班。

（3）若在酒店举行会议，也要求酒店提供紧急救护。

（三）会议餐饮

（1）确定好伙食标准和进餐方式，制订餐饮标准，照顾少数民族代表和年老体弱者，尽量照顾南北不同代表的口味。

（2）负责后勤的秘书人员应提前到餐厅布置并检查组织工作的落实情况。若与会人员众多，秘书人员应按照离主桌近高远低，右高左低的原则安排好与会人员的座位。座位的通知除在请柬上注明外，还可在宴会上陈列宴会简图，标出全场座位以及出席者的位置，还可以用卡片写好姓名席位，发给本人。在门口安排工作人员引导与会人员入座。

（3）保证餐饮卫生。大型会议人员多来自全国各地，饮食习惯各有不同，负责后勤的秘书人员必须考虑到这个因素，在会议餐饮安排上要力求干净卫生、周到全面。

（四）会议住宿

（1）提前编制住房安排方案。

（2）具体安排住宿时，要根据与会人员的职务、年龄、健康状况、性别和房间条件综合考虑，统筹安排。

（3）不同标准的房间要做合理分配，一般是根据房间的不同规格并结合代表具体情况，列出住宿表。

（4）住宿安排方案应提前报经有关领导审定，领导审定后按方案安排。

三、会议保卫、保密工作

（一）会议保卫工作

为保证会议顺利进行，并尽快达成会议决议，秘书人员应协助保安做好会议的值班、保卫工作。秘书人员要带领保安坚守值班岗位，阻止与会议无关人员随便出入会场，保证会议顺利召开，并随时应对各种突发事件。秘书人员要做好会场和驻地、会议重要文件、与会人员的人身安全和各种设备物品及私人贵重物品的保卫工作。

（二）会议保密工作

会议的保密工作贯穿于秘书人员会议工作的全过程，重要性不言而喻。

（1）如果召开比较大型的或秘密性较强的会议，秘书部门要与保卫、保密部门取得联系，共同制定会议保密措施，加强会中的保密工作。

（2）秘书人员要对与会人员进行保密教育，宣布保密纪律，规定与会人员不得以任何形式对外散布会议秘密。

（3）会议期间，秘书人员对发放的文件、资料要统一登记，领取文件要办手续，并指定专人负责管理文件。

（4）在重要涉密会议期间，一般不准录音，经批准录音的，录音资料要按会议文件的保密要求进行管理。

（5）重要会议的与会人员要凭证件入场，严禁与会议无关人员随意进出。

（6）对会上发放的秘密文件，秘书人员在传递时要通过机要通信部门递送，不要让与会人员携带。

（7）在会议期间，秘书人员要时常对会议驻地、房间、会议室的保密性进行检查。

（8）在会议决议事项形成期间，秘书人员对需在一定范围之内知悉的会议讨论情况也要保密，做好会议讨论情况的保密工作。

（9）会议期间，在进行会议宣传报道时，秘书人员要认真审查把关，防止会议秘密事项通过宣传渠道泄露出去。

知识拓展

1. 处理临时交办事项

会议进程中，可能发生一些意想不到的临时变动，会议工作人员应及时向领导请示，并根据领导的指示采取应急措施，妥善处理。

2. 其他服务工作

及时准备好会议期间所需的物品，如笔、墨、纸张等；保证会场光线充足；保持会场清洁卫生；安排好会场摄影留念等。

相关链接

××会议到会情况统计表

会议主办单位			会议名称		
会议时间					
会议地点					
会议正式代表人数		实到人数		缺席人员姓名及原因	
会议列席代表人数		实到人数		缺席人员姓名及原因	
法定人数要求			统计人		

项目四 会议后的组织工作

项目介绍

最后一位与会者离开会址并不意味着本次会议就彻底结束，事实上，传达落实会议精神，是实现会议决策目标的最主要环节。

一次会议，往往是一项重要工作、一个历史时期的开端或结束。因此，有关会议的文件原稿、材料都是宝贵的材料。会后，文秘人员应及时、完整地收集整理，立卷归档，妥善保存，以备查考。

会议结束之后，要立即去清理现场，看看代表是否丢了什么东西。清理会场之后，向会场的主人表示感谢。同时送别代表、清退会议文件、对会议成本进行决算。要及时总结经验教训，特别要找出在会议中出现失误的原因，这样，在下次开会时，才能把会务工作做得更好。

秘书常常被安排做会议记录。做会议记录的秘书，一般同时要负责写会议纪要。会议纪要的内容要简单明了，而且时间不能拖得太长。会议纪要写好之后，要多复印几份，抄送给有关部门。

任务一　会议的传达与催办

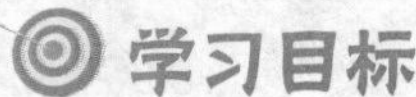

1. 知识目标：知道会议传达的内容、时间范围和方式方法；了解会议催办的要求和方式。
2. 能力目标：能根据实际要求传达会议内容；能根据传达对象采取适当的方式进行会议催办。
3. 情感目标：学会表达与聆听，体验集体商议。

任务情境

开学已近一个月了，班主任秦老师发现一些班级公约的内容仍没有彻底执行，比如有的同学没有及时上交作业，有的同学没有按规定上课时关闭手机等。后经了解才知道，原来班干部会议讨论出的班级公约，没有全面传达到所有同学；另外，有的班干部在管理班级的过程中也有不作为的情况，因此出现了以上现象。为此，班主任召开了班干部会议，要求传达班级公约内容，并落实班级公约。

任务分析

传达落实会议精神是秘书的重要职责之一。会后的检查催办是会后工作中不可缺少的重要内容，可以敦促会议精神落到实处。如果落实环节出现问题，应及时疏通。从某种意义上讲，催办也是一条信息反馈渠道，可使领导及时掌握会议决定事项的办理情况，了解办理过程中出现的新问题、新情况，并有针对性地采取措施加以解决，保证会议决定事项办理工作的顺利进行。

能力训练

活动一：分组模拟班委会议，提出班干部会议讨论的结果在施行中存在的问题，商议制定“班干部会议的传达和催办制度”。

全班同学以8—10人为一个小组，每组同学分别扮演班主任秦老师及各个班委，围绕任务要求模拟此次会议的进行。会议由班主任秦老师主持，组织委员负责会议记录，各个参会同学轮流发言并展开热烈的讨论。

活动二：各组商议，完成“班干部会议的传达和催办制度”初稿。

通过讨论，各组制订出会议传达的时间、范围、方法，会议议定事项的催办负责人员以及催办的方式。

活动三：各组汇报，完善"班干部会议的传达和催办制度"。

各组选派同学向全班朗读本组制定的"班干部会议的传达和催办制度"，听取老师和同学们的修改意见，完善后上交老师予以评分。

练一练

请谈谈会议的传达与催办有哪些注意点。

____

____

____

相关知识

一、会议的传达

一般较为重要的会议都需传达，凡有决议需要贯彻执行的会议则必须传达。有些会议的传达重在介绍会议情况，有些会议的传达重在宣传精神。凡有决议需要贯彻执行的会议，传达重在会议决议的贯彻、执行、落实。会议的精神或决议如何传达，在传达会议的精神或决议时需要注意哪些问题，这既是会议出席者的事情，也是会议组织者的事情。

从会议组织者的角度看，组织会议传达工作时通常需要注意以下一些问题。

（一）明确会议传达的内容

哪些会议精神或决议需要传达，哪些会议精神或决议不需要传达；哪些会议精神或决议必须传达，哪些会议精神或决议不能传达，会议组织者在组织会议传达工作时都必须明确。如有会议决议需要传达，还需注意会议决议的承办部门、承办人及完成时间等各项内容是否明确。尤其当这些会议决议属多个部门共同办理，或者可属这个部门办理也可属那个部门办理时，更需注意承办这些会议决议的牵头主办部门或各部门的职责分工是否明确。

（二）明确会议传达的时间和范围

有些会议对会议精神或决议的传达时间有着极其严格的规定。对于这些会议，会议组织者在组织会议传达工作时就必须将有关会议精神或传达时间和范围交代得十分清楚。

（三）明确会议传达的方式方法

有些会议的精神或决议必须按照会议颁发的书面文件或书面传达提纲传达，有些只能按照会议的记录做口头传达；有些会议的精神或决议可以采用录音或录像的方法传达，有些在组织传达工作的同时还需附发会议传达催办通知单。对于这些不同的传达方式方法，会议组织者在组织会议传达工作时也必须予以明确。其中会议传达催办通知单要具有法定效力或组织效力，必须加盖公章。其格式和内容如下所示。

________会议决议传达催办通知单
编号________
________（单位、部门或人员） 兹由________年________月________日会议决议如下： 1. 2. 现要求你们于________月________日前办理上述有关决议，并将办理情况报至________（发文单位）。
________（发文单位）办公室（或秘书处） ________年________月________日

二、会议的催办

会议决定事项催办的意义在于使会议精神落到实处，防止有关单位或部门不重视会议交办事项，长期推诿、拖延，工作效率低下，或从部门利益出发采取消极态度，故意不办。

（一）会议事项催办的要求

（1）明确催办人员。

（2）健全登记制度，建立催办登记簿，逐项列出检查催办的事项，并由催办人员根据实际情况，记载催办事项的进展状况。

（3）建立汇报制度，催办人员可采用口头汇报、书面汇报、专题报告等多种方式向领导汇报催办事项的落实情况，对一些重大问题不能自作主张，要听从领导的指示。

（4）会议决定事项传达催办登记。

（二）会议事项催办的方式

有些会议只需加以传达即可，在传达之后并无执行任务的要求。凡有会议决议需要贯彻执行的会议，在传达之后则必须组织贯彻、执行、落实工作。对于前一种情况，会议组织者只需做好会议精神传达的组织工作即可；对于后一种情况，会议组织者在完成会议决议传达的组织工作之后，则还有一个会议决议的催办工作需要做好。催办会议决议的目的在于督促、检查会议决议的传达、贯彻、执行、落实及汇总这些工作的情况。会议决议的催办工作是会议之后所有组织工作中最为重要的一项工作。这项工作完成质量的高低，将直接影响到会议的效果。因此，每个会议主持人或会议组织者都必须对此项工作予以充分的重视。

会议决议的催办方式通常有以下三种。

1. 口头催办

这种催办方式的优点是，在催办的同时还能了解到有关部门在贯彻执行会议决议时所遇到的一些困难或详细情况，因此也能给予一些及时而必要的帮助或指示。不足之处是，如会议决议的承办单位很多，或这些承办单位的所在地区很远或十分分散，就很难采用这种催办方式。因此，这种催办方式通常适用于承办单位较少而又比较集中的情况，或运用于对一些重点承办单位的催办工作。需要注意的是，虽然是口头催办，在催办时还是需要做些必要的书面记录，以便于汇总。

2. 电话催办

这种催办方式既有口头催办方式的优点，又弥补了在承办单位很远或十分分散的情况下口头催办方式难于应付的不足之处。因此，这是一种较为理想的催办方式，在实际工作中使用较多。但如承办单位数量很多，这种催办方式也就难于应付。与口头催办方式一样，在使用电话催办方式时也需注意做好催办记录，以便汇总。

3. 书面催办

这种催办方式的优点是适用于各种会议和各种情况，尤其适用于会议决议的承办单位十分分散和数量很多的情况，并十分有利于有关部门的立卷归档工作。不足之处是只能了解到会议决议落实的主要情况，而难于了解有关单位在落实会议决议时所遇到的具体困难和详细情况，也不能给予必要而及时的帮助和指示。这种催办方式使用也较为广泛，并常常与会议决议传达催办登记表配套使用。催办登记表的好处是简明扼要，一目了然，便于领导查阅和立卷归档。其格式和内容如下所示。

____________会议决议催办登记表

编号____________

会议决议事项	应完成时间	完成时间	办理情况
1			
2			
3			
4			

____________（承办单位）负责人（签章）

____________年____________月____________日

负责会议决议催办的单位通常是会议的主办单位。如果是联席会议，则由牵头单位或部门负责催办。

知识拓展

会议决策传达落实的作用

1. 会议决策的传达落实是实现会议决策目标的最主要环节

任何会议决策的目的，都是为了实现社会的某种需要。而实现这种需要的手段，就是对会议决策迅速付诸实施，使决策目标如期或提前实现。落实的主要任务是将概念性的决策变为具体的实际行动。没有这种行动，决策就失去意义；如果落实不力，就收不到好的效果。可以说，传达落实是实现会议决策目标的最重要一环。

2. 会议决策的传达落实是衡量下级组织得力与否的主要标志

上级组织通过下级组织对会议决策的贯彻落实情况，考核和衡量下级组织领导班子是否称职和得力。

3. 会议决策的传达落实是对会议决策的检验、制约和完善

好的会议决策是经过调查研究、搜集信息、可行性论证和咨询、集思广益做出的。由于人们认识上的差距及其他原因，有时并非完美无缺、切实可行。只有通过实践才能对决策的可行性与正确性进行检验，并予以修正和完善。所以，决策需要落实；而落实的好坏，对决策能否顺利实现有着直接影响，并起着一定的制约作用。

会议决策传达落实的要求

1. 迅速果断，保证质量

会议决策事项一般包括时间和质量（标准）要求，规定在一定的时间内按要求实现某项目标或任务。决策信息一经发出，就应迅速组织实施。在保证质量（标准）要求的前提下，实施越迅速，效率越高；反之则越低。因此，下级组织要努力创造条件，克服困难，尽快贯彻落实。

2. 忠实决策，不打折扣

下级在传达落实中首先要深刻认识和理解决策，结合实际进行分析，并在此基础上不折不扣地按决策精神办事。在实施中还要严明纪律和规章制度，以保证决策卓有成效地达到目的。

3. 解放思想，创造性地落实

发挥自己的主观能动作用，结合实际，采取相应的、灵活有力的措施，使决策具体化、可行化。

相关链接

××市气象局催办工作制度

一、催办任务

围绕全局中心工作和领导的指示及交办事项，积极进行督促检查，保证各项工作计划的落实和圆满完成。

二、催办的主要内容

1. 省气象局和市委、市政府的重要决策、重要工作部署和领导同志重要批示的贯彻落实情况。

2. 市局重大决策、重要文件和重要会议精神的贯彻落实情况。

3. 人大代表、政协委员有关议案、提案办理情况的督查。

4. 市局党组会议、市局局务会议、局长办公会议的重要工作部署和决定的落实情况。

5. 市局领导的重要批示和交办事项，包括口头指示、文字批示和各项临时任务。

6. 对下级机关和群众反映的重大问题，需本局答复的。

7. 本局向上级领导机关的请示事项需询问批复的。

三、催办程序

催办工作由办公室负责，各科室和县(市)气象局协助办理。

(一)事项催办

1. 局领导交科室办理的事项，由办公室协助局领导催办。

2. 上级机关、领导交我局承办的和市局党组会、局务会、办公会议决定承办的事项，根据工作分工由分管局长负责监督，由办公室秘书催办，有关科室承办。

3. 对下部署工作、落实上级指示和本局党组会、局务会、办公会议决定承办的事项，根据工作分工由分管局长负责监督，由主办科室负责人催办落实。

各科室在完成交办事宜后，要及时向主要领导汇报办理情况。对承办中遇到困难而不能如期或按要求办完的事宜，口头说明或书面报告原因，以提请局领导协调和解决。

(二)文件催办

1. 对有时限要求承办的上级文件和基层请示需要答复的，均列入催办范围。在局领导、办公室主任签发主办科室后，由局办公室文书登记送交主办科室并负责催办。

2. 科室接到催办文件后，科长负责催办工作。完成后在批办单上填写办理情况，交办公室汇总。涉及两个以上科室办理的文件，由主办科室负责催办。

四、催办要求

1. 列入催办的文件和事项，视轻重缓急催办，特急和重要文件、事项要跟踪催办，时效较长的文件和事项要催办两次以上。催办人员每月对承担的催办文件、事项进行一次清理，避免延误。办公室和各职能科室要建立督查催办登记簿，认真记载承办文件、事项的情况和事件。办公室要建立《催办通知单》，办结后立卷归档，以备查用。办公室在催办工作中，应及时了解承办科室完成情况，并要及时督办，并向局领导反映情况，定期对督查情况进行通报。

2. 局领导和各科室参加上级领导机关召开的会议，部署需要报送落实情况的，要及时通知办公室秘书列入催办。

五、催办情况反馈

全局办文、办事的催办情况由办公室负责收集汇总，并不定期向局领导和各科室通报催办情况。部门办文、办事的催办情况由部门负责人不定期向局领导通报催办情况。对需及时向领导报告办理情况和需要协调的，要随时报告。

六、加强管理

各催办工作相关单位要全力配合，如在哪些环节配合协调不好，或催办不及时，要给予通报批评，对两次以上结办未果，报局领导处理。

任务二　会议文书的立卷归档

学习目标

1. 知识目标：知道会议文件资料的立卷归档的范围和方法。
2. 能力目标：能够进行会议文件资料的立卷归档。
3. 情感目标：体会操作细节，体验分工合作。

任务情境

学期临近结束，每次的班干部会议、主题班会或班级活动都留下不少文字或影像材料，班主任秦老师发现许多材料都很有纪念意义或借鉴意义，于是发动同学一起将这些资料整理立卷，为下学期的班集体建设提供参考和借鉴。

任务分析

一次会议，往往是一项重要工作、一个历史时期的开端或结束。因此，有关会议的文件原稿、材料，甚至包括会议的作息时间表、分组名单、会议须知、会议照片、录音录像等，都是宝贵的材料。因为在一次完整的会议中可能会有不同的议题，如果按照问题分类则会将完整的会议分为几块内容，所以我们一般采用的是"一会一卷"的方法进行立卷归档，同时做好卷内文件的排列和编目工作。

能力训练

活动一：分组进行模拟文件和照片资料的整理分类。

全班同学以4—5人为一个小组，每组同学分别将凌乱的若干模拟文件按每次会议分类，文字资料一类，照片资料一类。文字资料中同一次会议中的文件整理在一起，比如，某次主题班会的出缺勤记录、主持人发言稿、班级同学的演讲稿、朗诵的诗歌等。

活动二：各组将整理的文件、照片资料汇总。

每组负责人将各组整理好的资料于前排汇总，互相配合，如是同一次会议的材料，需进行进一步的整理。全班所有的材料都是按不同会议进行归类的文件组合。

活动三：各组分别承包若干次会议的文件和照片的整理工作，进行系统排序。

每一小组承包1—2次的会议文件和照片的整理，对已经初步分类的文件或照片进行进一步的系统排序整理，确定每一份文件的排列顺序。最后做好相应的编目工作。

练一练

请列举需要立卷归档和不需要立卷归档的会议文件。

相关知识

一、会议文件立卷归档的意义

一次会议，往往是一项重要工作、一个历史时期的开端或结束。因此，有关会议的文件原稿、材料，甚至包括会议的作息时间表、分组名单、会议须知、会议照片、录音录像等，都是宝贵的材料。会后，文秘人员应及时、完整地收集整理，立卷归档，妥善保存，以备查考。把具有保存价值的全部会议文件资料，按照它们之间的相互联系，进行分类整理，有秩序、有系统地加以编排，完整地保存下来，这就叫会议文件资料的立卷归档。

会议文件立卷归档的意义主要有以下四点：第一，保持会议文件之间的历史联系，便于查找利用。第二，保持历史的真实面貌，反映工作的客观进程。第三，保护会议文件的完整与安全，便于保存和保管。第四，保证会议秘书工作的联系性，为档案工作奠定基础。

二、会议文书立卷归档的范围

（一）应立卷归档的会议文书

较为重要的会议的文书材料均需立卷归档。一般来说，以下文书材料均需列入立卷归档范围。

（1）关于会议立项方面的文件。如召开会议的请示与批复。

（2）提交会议审议批准的文件。如工作规划、计划、报告、预算决算、行政法规及各项决议的草案。

（3）会议期间使用的文件。如开幕词、闭幕词、领导人讲话稿、大会发言材料（包括典型经验介绍材料、专题报告）、会议总结报告等。

（4）会议参考性文件。如调查报告、可行性分析报告、统计报表、技术图纸或图表等。

（5）会议管理性文件。如会议通知、日程与议程安排表、会议须知、保密规定以及会议主席团名单、委员会名单。

（6）会议宣传性文件。如会议简报、会议纪要、决议、新闻稿、新闻发布会上的介绍材料等。

（7）会议记录、照片、录音、录像材料等。

（8）会议文件的定稿（即经领导人签发的发文稿纸和会议通过的文稿）、存本以及重要文件的草稿、讨论稿、修正稿、送审稿、草案、修正案等。

（二）无需立卷归档的会议文书

一般大、中型会议中的会议文书材料往往很多，其中有些文书材料无需立卷归档。这些文书材料大致有以下两类。

（1）一般性会议文件的初稿或历次修改稿。比如有些一般性会议报告、会议决议、会议总结的初稿或修改稿。一些重要文件的初稿或历次修改稿，尤其是有重要领导批阅意见的修改稿，则不属此列。

（2）一些事务性的、临时性的、没有查考价值的会议文书材料，比如会议所用车辆的调度表、会议住宿人员的安排表、会议临时拟定的用于宣传的标语口号等。

（三）会议音像材料

除了以文字形式出现的各种会议文书材料外，许多会议过程中还会形成诸如照片、录音、录像等以音像形式出现的会议文书材料。这些音像材料是否需要立卷归档，则应视会议的类型、性质、会议召集部门的条件、会议召集单位档案部门的要求以及这些音像材料本身的查考价值来定。一般来说，一些重要会议过程中形成的重要音像材料也须立卷归档，这些音像材料的查考价值有时甚至超过那些以文字形式形成的文书材料，而成为极其珍贵的历史资料。

三、会议文书立卷归档的方法

（一）会议文书的立卷方法

会议文书的立卷归档，一般采用的是以会组卷、按类编目的方法，即按“一会一案”的基本原则，将会议文书加以整理，分门别类地组成一个或一套案卷，归入档案。即以会议为单位立卷，按照会议文件资料的自然形成规律，保持其历史联系。会议文书立卷可以参照和遵循普通文件立卷的方法，灵活利用文件的部门特征、时间特征、名称特征、作者特征等组卷，同时根据实际需要可以依照时间顺序、重要程度等方法排列卷内文件。

（二）卷内文件的排列

一般来讲，卷内文件是按重要程度和时间顺序进行排列的。日常工作会议卷内文件的排列顺序大体是开会通知、会议记事表、决定事项及其文件等，同一文件的几次修改稿按前后次序排列，但应当将定稿放在最前面。

（三）卷内文件的编目

首先要在文件上加盖编目章，包括卷号、顺序号，卷内文件也应以此进行统计；然后按顺序填写卷内目录。

会议文件的立卷同样要做好卷内文件资料的编目、填写备考表和封皮等工作，这些和一般文书材料的立卷归档工作相同。

四、会议文书立卷归档需要注意的几个问题

会议文书的立卷归档工作是文书立卷归档工作中的一种，因此必须遵循文书立卷归档工作中通常应注意的问题，如归档文书材料应齐全完整，卷内文书材料要排列有序，并重编页

码、登记目录，所有的文书材料都需要用符合归档要求的笔书写，如钢笔、毛笔或电脑打印。

一般文书材料的立卷归档通常都按国家档案局关于档案保管期限的规定，按不同的保管价值和类型分类组卷，会议文书材料的立卷归档则通常以会组卷。因此，往往因为同一卷会议文书档案材料中既有永久、长期性保存的档案材料，又有只需短期保存的档案材料，而给会议文书档案材料的立卷归档工作带来困难。处理这一问题的较为妥善的办法，一种是以这些会议文书档案材料中的长期性或永久性档案材料为准归类；另一种办法是印制副本，将永久性会议文书档案材料与另两类档案材料分开立卷，以减少永久性档案的库存量。但如分类重复立卷，则必须在有关案卷材料中注明，以备查找。

一般的会议记录，大多无法记下发言者的全部原话。有些会议记录，甚至可能记错。因此，一般的会议记录，在立卷归档时应注明是否经过本人审阅。一些重要会议中的重要发言记录，在立卷归档前则必须送本人审阅，并注明"已经本人审阅"等字样。

有些会议讲话是书面讲话稿件，但有些讲话人往往喜欢脱开稿件，增加内容，做即兴发言。如有此类情况，在立卷归档时，应以讲话人在会议上的实际发言内容为准。同时，这些讲话记录均应注明是否经过本人审阅。如属重要讲话，则必须送交本人审阅并注明有关字样。

五、照片档案整理

照片档案整理流程为：收集、挑选照片、排列、编号、拟写说明、张贴、编页码、著录、打印目录、贴侧标签。

（一）收集

向本次会议的摄像人员收集本次会议的照片，数码照片应刻录成光盘，一式三套保存（封存保管、供查阅利用、异地保存）。

（二）挑选照片

对反映同一内容的若干张照片，应选择其主要照片归档。主要照片应具备主题鲜明、影像清晰、画面完整、未加修饰剪裁等特点。

（三）排列

1. 按"形成时间—专题（组）"排列

即将本单位的所有照片收集后，先排最早年度的照片，然后在一年内先排最早的某个活动或某个会议的照片。

2. 每专题（组）照片排列张号

（1）每一册内可排列多组照片，同一册内的每组照片编号应延续上一组照片编号。

例1：在第1册内第一组照片有15张，排列张号如下：

F　1—1·1

………

F　1—1·15

在第1册内第二组照片有6张照片，延续第一组的照片编号，排列如下：

F　1—1·16

………

F　1—1·21

（2）每一册内排满照片后，再排下一册；下一册的照片张号必须从1开始。

例2：第1册已排满，在第2册内第一组照片有10张，排列张号如下：

F　1—2·1

………

F　1—2·10

在第2册内第二组照片有9张照片，延续第一组的照片编号，排列如下：

F　1—2·11

………

F　1—2·19

第2册排满照片后，再排第3册。

（3）一组照片不可以排在两册中。

（四）编号

按"类别号—册号—张号"的模式编号。

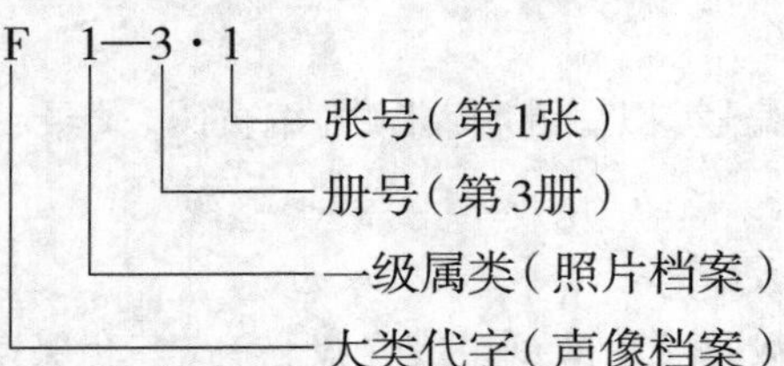

（五）拟写说明

1. 以一组照片为单位拟写总说明

总说明的内容包括以下几点。

（1）标题。根据本组照片的内容，由整理者拟出标题。标题要概括出这组照片的基本内容，并作为照片档案卷内目录的著录条目。

（2）时间。

（3）地点。

（4）主要人物。

（5）基本内容。

（6）注明本组照片共多少张照片。

整理时，用白纸（尺寸可大于3R照片）将上述内容打印，贴在这组照片的上方。

2. 以每张照片为单位拟写小说明

小说明位置可在照片的右侧、左侧或正下方。

（六）张贴

用白乳胶，正反两面粘贴照片，确保整齐美观，并留位张贴总说明和小说明。

（七）编页码

在照片档案簿正面的右上角、背面的左上角盖页码，目录页不用编页码。

（八）著录

1. 照片名称

根据本组照片的内容，由整理者拟出标题名称。

2. 照片号

是固定和反映每张照片在全宗内分类与排列顺序的一组字符代码，例如，机关的档案分类中照片的编号方法，F1—1·1。

3. 参见号

参见号是指与本张照片有密切联系的其他载体档案的档号。

4. 时间

即照片的拍摄时间，填写格式为“年年年年月月日日”，如2006年4月10日写成20060410。

5. 摄影者

摄影者一般填写个人，必要时可加写单位。

6. 文字说明

应综合运用事由、时间、地点、人物、背景、摄影者等要素，概括揭示照片影像所反映的全部信息；或仅对题名未及内容做出补充。其他需要说明的事项亦可在此栏表述，例如照片归属权不属于本单位的，应注明照片版权、来源等。

（九）打印目录

包括照片号、照片题名、拍摄时间、照片所在页号、底片所在卷号页号底片号（数码照片不填）、备注。

（十）贴侧标签

包括立档单位、全宗号、目录号、案卷号。

知识拓展

会议记录的整理

一般会议记录的特点是量多而字迹潦草，虽然如此，这些会议记录却必须立卷归档，因为一般的会议记录通常都属于长期或永久立卷归档的范围。

为了既保证会议记录能及时地立卷归档，又有效地克服会议原始记录字迹潦草而难于辨认的弊病，在会议记录的立卷归档工作实践中通常采用以下两种方法。

（1）将会议的原始记录重抄一遍，并在重抄时理顺个别记录有误或不甚连贯的文句，然后立卷归档。其优点是重抄整理后的会议记录字迹清楚，文句通顺，内容完整，便于查考；缺点是耗时甚多，往往难于付诸实施。

（2）对会议的原始记录进行简明扼要的归纳整理，然后附加原始记录一起立卷归档。归纳整理的主要内容通常是会议的时间、地点、出席人员、主持人、议题、会议的决定事项以及与会议决定事项不同的意见和发言人的姓名等。其优点是既对会议记录的概貌一目了然，又有会议记录的全貌可供备查，归纳整理的时间也较少；缺点是所附的原始记录毕竟不如重抄整理过的记录那么清晰、通顺、完整。

当然，如果会议的原始记录本来就十分清楚、完整，就无需重抄一遍或归纳整理了。

相关链接

竖式说明的粘贴方法

照片号	F1—1.1
底片号	
参见号	
摄影者	年璐璐
摄影时间	20130911
保管期限	永久
说明：2013年9月11日上海市行政管理学校电子档案收集研讨会。左二为金炳良主任	

横式照片粘贴方法

照片号	底片号	参见号	摄影者	摄影时间	保管期限
F1—1.1			年璐璐	20130911	永久
说明：2013年9月11日上海市行政管理学校电子档案收集研讨会。左二为金炳良主任					

任务三　会议送别工作

学习目标

1. 知识目标：知道安排与会人员返程工作的注意事项。
2. 能力目标：根据与会者要求预订返程票，并安排好送行工作。
3. 情感目标：具有热情周到的服务意识。

任务情境

学期即将结束，班中有几位外地学生打算回家。有的学生老家比较近，乘坐长途汽车即可回家；有的学生家比较远，想坐飞机或火车回家。班主任秦老师组织大家为他们送别。

任务分析

会议的组织与服务工作切忌虎头蛇尾，应尽早落实与会人员的返程工作，提供有始有终的周到服务，才会给与会人员留下良好的印象。一般情况下，返程车、船、机票的预订要按先远后近的次序安排。秘书要预先登记与会人员返回的日期和乘坐的交通工具，代购所需返程票，使他们在会议一结束就能踏上归程。对于个别需要暂住者，应妥善安置好他们的食宿。所以，做好送别与会人员的工作是会后工作的一项重要内容。

能力训练

活动一：课前查找长途汽车、火车、飞机购票的相关知识。

任课老师课前布置预习任务，让学生在家中完成对长途汽车、火车、飞机的订票或者购票办法以及上海的长途汽车站、火车站和飞机场相关信息的查找工作。

活动二：角色扮演。

课上学生分角色扮演工作人员、长途汽车（火车、飞机）票务工作者，进行模拟订票和为外地学员送行工作。

练一练

请列出送别工作要注意的事项。

相关知识

会议结束并不意味着会议工作就结束了，有外地人员参加的会议应根据会期的长短、外地与会人数多少等情况，及早安排好与会人员的返程送行事宜，做到笑脸相迎、热情道别，使与会人员心情舒畅，愉快地踏上归程。会议接待工作要做到有始有终、始终如一。

一、预订返程票

返程票是与会者最为关心的问题之一，因为这直接关系到与会者能否按时返回单位开展工作。提前做好这项工作，能解除与会者的后顾之忧，使与会者安心参加会议，有利于提高会议的效率。

要事先了解外地与会人员对时间安排、交通工具的要求，尊重他们的意愿。在汇总会议通知回执时，要仔细登记与会者对回程票的具体要求，包括：回程的交通工具（飞机、火车、汽车、轮船）、返程日期、航班或车次、舱位或坐卧等级、抵达地点等。与会者报到时，应进一步确认其订票要求。

一般情况下要按先远后近的次序安排返程机票、车票的预订事宜，尽早与民航、铁路、公路、港口等部门沟通联系，掌握航班、车次等情况，提前预订好飞机、火车、汽车、轮船票。

二、做好返程准备

（1）提醒与会者及时归还向主办会议驻地单位借用的各种物品。

（2）提醒与会者及时与会务组结清各种账目，开好发票收据。

（3）帮助与会者检查、清退房间，避免遗忘各种物品。

（4）准备一些装资料的塑料袋和捆东西的绳子等物品，以备急需。

（5）帮助部分与会者托运大件物品。

三、安排送行

会议的主要领导人尽可能安排时间出面告别。告别的形式可以是到与会者住宿房间走访告别，也可以在会议闭幕式结束后于会场门口道别。身份较高的与会者还应当由领导人亲自到机场或车站送别。

安排好车辆，将与会者送至机场、车站或码头。与会者行李较多时，接待人员要主动为其提拿。如进入机场、月台或码头送别，应待飞机、列车、轮船启动时，送行人员挥手向与会者告别。

四、做好滞留代表的食宿工作

有的与会代表由于种种原因还想在此地逗留几日，秘书应克服困难尽量满足他们的要求，妥善安置好他们的食宿。

知识拓展

我国国内航班的购票须知

1. 订座

乘客可根据航空公司的有关规定向航空售票处或航空代理人售票处预订座位。已订妥座位的旅客，应在航空公司规定的购票时限内购票。如未在购票时限内购票，所订座位即被自动取消。

2. 购票

中国旅客购票须出示本人居民身份证或其他有效证件，并填写旅客订座单；外国旅客、华侨、港澳台胞购票，须出示有效护照、回乡证、台胞证、居留证、旅行证或公安机关出具的其他有效身份证件，并填写旅客订座单。

3. 座位再证实

旅客持有订妥座位的联程或来回程客票，如在该联程或回程地点停留72小时以上，须在该联程或回程航班离站前两天中午12点以前，办理座位再证实手续。否则，原定座位不予保留。

4. 客票

客票只限客票上所列姓名的旅客本人使用，不得转让和涂改，否则，客票无效，票款不退。

5. 客票有效期

正常标价的客票有效期为一年。定期客票自旅行开始之日起计算，一年内运输有效，不定期客票自填开之次日零时起计算。

6. 客票价

客票价指旅客由出发地机场至目的地机场的航空运输价格，不包括机场与市区之间的地面运输费用。

7. 变更

购票后，如果要求改变航班、日期、舱位等级，请尽早通知航空公司，使其根据实际情况积极办理。

任务四　清退会议文件

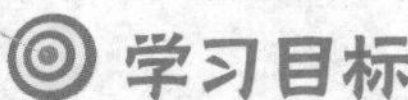

1. 知识目标：理解清退会议文件资料的基本要求。
2. 能力目标：根据不同的会议规模清退会议文件。
3. 情感目标：培养工作中耐心细致的好习惯。

任务情境

在班会时班主任秦老师布置了填写班级管理工作反馈表的任务，要求全班同学填写，班会课结束后将反馈表上交。

任务分析

为避免发生文件丢失的情况，秘书对于需要清退的会议文件资料，一定要在会议结束时及时清退。召开会议时所用的文件资料需要收回的，首先要确定收集的范围，注意清退的程序和方法。需要统一制发清退文件资料的目录，规定清退时限，必要时对有关人员做一些解释，避免只要求部分与会人员退回文件资料而引发不愉快。在市场竞争激烈的情况下，更要时刻注意文件资料的清退工作。秘书要有保密意识，在各个环节上毫不松懈。

能力训练

活动一：模拟全班大会，分发会议材料，其中一份反馈表要求如实填写之后并退回。

全班同学模拟大会形式，一人扮演班主任秦老师，个别学生扮演提前离会的人员，若干学生扮演负责分发和回收文件资料的秘书人员。

活动二：模拟分组会议，分发会议材料，其中一份反馈表要求如实填写之后并退回。

全班同学以8—10人为一个小组，每组同学分别扮演班主任秦老师及各个班委，围绕任务要求模拟此次会议，会议由班主任秦老师主持，班委负责分发会议文件和回收资料。

相关知识

会议文件资料的清退，是指与会人员在会议结束时，根据规定将会上发的文件资料清理并退回会议秘书处。会议文件资料清退时，首先要统一制发清退文件资料的目录，确定会议文件资料的收集范围，避免只要求部分与会人员退回文件资料而造成误会。核对无误后装封交回保存部门。

一、会议文件资料清退的程序

（1）向会议主席团或主持人汇报发文情况，提出清退文件资料的建议。

（2）待会议主席团或会议主持人批准后，下发清退文件资料目录，并做必要的解释工作。

（3）会议结束后进行清退，清退要逐份清点、登记，发现丢失的应查清原因，及时向领导报告。

二、清退会议文件的对象

清退会议文件的对象包括全体与会者和工作人员，重点是会议领导人、小组召集人、发言人、记录人、拟稿人。

三、会议文件资料清退的方法

（1）小型内部会议，由于参加人数较少，人员又比较熟悉，可以在宣布会议结束时，由主持会议的领导提出要求，请与会人员将需要清退的文件留下。也可由秘书人员在会场门口随时收集。

（2）大中型会议，应提前印发文件清退目录，写明应清退文件的名称、总数和清退要求，先由与会人员个人清理，由召集人收齐后交大会秘书处。

（3）对个别领取会议文件后未到会或提前离会的人员，应当及时采取个别催退的办法。

（4）会议工作人员手中的文件，可采取发文件收集范围单或目录的办法并限时交退。

四、清退会议文件的注意事项

（1）统一印制清退文件资料的目录。

（2）分清清退文件资料和不清退文件资料的范围。

（3）避免只要求部分与会人员退回文件资料而造成误会。

（4）清退文件，需要填写"文件清退登记表"，交接双方清点无误并签字后留存。

（5）文件清退、归档后，剩余的文件资料，经鉴别没有保存价值的进行登记，经分管领导批准后，由两人以上送到指定地点销毁。

文件清退目录表

序　　号	文件名称	文件编号	退 还 处	退还期限	负 责 人	备　　注

文件清退登记表

年　　月　　日

序号	文件标题或文件号	发文日期	发文单位	上交份数	上交时间	上交人签名

会议文件资料需要清退的，应及时办好清退手续，如数收回，妥善处理。凡由秘书处、档案室或机要室分发的文件材料均需要清退。开具文件资料的清退目录发给有关人员，限期清退。对于会议文件资料要加以核对清点，如发现文件资料丢失，必须及时查明原因和应负责任者，并如实向领导报告。

任务五　整理会场

学习目标

1. 知识目标：掌握整理会场的注意事项。
2. 能力目标：整理会议室或租赁的会场，做好清场工作。
3. 情感目标：体会谨慎细致的工作作风。

任务情境

公司一次会后几天，王秘书接到会议所用宾馆左主任打来的电话，称在清点会议麦克风时发现少了一个。王秘书说："左主任，那天是我亲自还的，当时贵宾馆的陈经理当面点过后，我们交接完了所有手续，而且双方都签字了。我这里还有手续单呢。会不会是这几天又有人借了？"

任务分析

在日常会务组会议或日常工作中，双方合作时经常会出现由于手续不齐或某些环节疏漏，而使双方发生不愉快的情况。因此，会议室使用完后应及时清点物品，及时清扫，桌椅等摆放整齐，并按时归还所借物品，以给对方留下好的印象。一切工作完成后一定要双方签字确认。

能力训练

活动一：模拟会务组向会议场馆工作人员租借相关会议用品。

教室即为会议室，学生扮演公司会务人员和会场工作人员。由会务人员向会场工作人员租借相关会议用品，如投影仪、手提电脑、话筒、讲台、茶杯、席卡牌等，履行相应签收手续。

活动二：布置模拟会场。

布置模拟会场，学生按学习过的知识布置会场。

活动三：归还租借物品，履行签收手续。

组织学生扮演公司会务人员和会场工作人员。由会务人员向会场工作人员归还相关会议用品，如投影仪、手提电脑、话筒、讲台、茶杯、席卡牌等，并做好相应签收手续。

相关知识

如果在本单位会议室开会，会务人员只需将会标、席卡等针对本次会议的相关标志撤走，恢复会议室原貌即可。

如果是租赁会议室，清理工作就复杂许多，包括：还清借用、租用的设备，如因特殊情况不能归还，应将其归库，并派专人保管；撤走会场的临时性布置，包括会标、彩旗、绿植等；清点会议用品、用具，能再次使用的归库管理，一次性用具进行销毁；将会场中搬动过的桌椅恢复原样，并将地面、门窗清扫或擦洗干净；撤走会场外的会议标志，如通知牌、方向标等；通知配电人员切断会场不再使用的电源，并通知服务人员关闭会场。

会议清场工作的具体步骤包括下面几点。

（1）清点与会人员借用的物品，检查有无遗漏物品和文件，认真检查、联络、保管遗忘物品。检查有无遗漏文件，主客双方有无遗忘物品，如有遗忘，应妥善保管遗忘物品，并及时同有关部门联系，尽快物归原主。清理并取走所有剩余的与会议有关的文件资料。

（2）收拾整理临时放置在会议室的茶杯、桌椅、烟灰缸和其他用品。会议一结束，要及时通知负责承办会务的人员回收会议室的茶具等，使会议室恢复原貌。

（3）有条理地检查、清还各种视听设备及用品。会议结束后，要将为布置会场特意租用或借用、安装的有关视听设备、器材及时放回原处或办理归还手续，还给租用或借用的单位，以避免因丢失或归还不及时而带来的不必要麻烦。为了安全起见，不使用时需要将设备锁进仓库，等待委托人来保管这些设备。如丢失设备或器材，应及时向领导汇报丢失情况并协商处理。

（4）揭去会场、会议室标示物，将会议室设备整理恢复到备用状态。

（5）锁好会议室门窗。向会场、会议室管理部门做出使用完毕的报告，并办理付费的有关事宜。

任务六　会议成本的决算

1. 知识目标：掌握会议成本的计算方式。

2. 能力目标：计算会议成本。

3. 情感目标：学习耐心细致的工作作风，形成谦虚谨慎的工作态度。

任务情境

为期一周的新产品推介会终于结束了。除了本公司所属的各个分公司都派专人出席了会议，同时还邀请了许多相关公司代表，会议规模较大。公司向市会议中心租借了会场，租赁了专业的音响设备，还租赁了室外场地进行产品的宣传，这些都花费不菲。除此之外，会议过程中还涉及相关人员的食宿费用，宣传资料的印制费用等。由于各分公司都派专人出席，本公司主要领导也在开幕和闭幕仪式等重要场合出席，耽误了他们原有的工作，这些隐性成本也不可忽略。

公司总经理请王秘书进行本次会议成本的决算，一方面了解本次会议的实际花费，另一方面了解本次会议的所有成本，以便于对下次相关活动进行成本控制。小王应该如何计算此次会议的成本呢?

任务分析

会议成本的决算与会议经费的结算是一个不同的概念，会议成本不仅包括会议活动中所有的会务花销，还包括参加会议人员的时间成本和价值成本等隐性成本。控制会议成本是提高会议效率的有效手段之一。而会议经费的结算是办会者在会议结束后对整个经费的使用情况，即会议开支费用的结算，主要为计算会议的实际支出。

能力训练

活动：计算会议成本。

由任课教师列出会议所花费的若干经费和工作成本，请学生进行计算。

相关知识

由于会议规模和性质不同，会议经费的使用差异是很大的。小型或单位内部的会议花费不多，而地理位置分散的大中型或特大型会议则往往需要召集大量人员，会议时间长，议题多，需要大量的花费。因此，在会后做出会议成本的决算，一方面帮助会议组织者了解会议活动的实际开支，另一方面帮助会议组织者总结经验，便于今后会议活动的成本控制。

一、会议成本

会议成本=会议隐性成本+会议显性成本。

1. 会议的隐性成本

会议的隐性成本主要指参加会议人员花费在会议活动中的时间价值，由以下三个方面组成。

（1）与会者的工资及其在本单位所获得的其他收入。

（2）因会议时间而减少的个人工资与其他收入以外的劳动产值。

（3）因会议活动而经常性领导工作停顿所造成的损失，包括领导者参加会议造成相关管理工作的削弱，重大问题处理的延误，以及不能及时会见有关人员而耽误了他们的时间等。

2. 会议的显性成本

会议的显性成本是指会议活动中的实际经费开支。包括交通费、住宿费、伙食补助、差旅补助、会场租用费、文件材料制作印刷费、会间饮料茶水费、文化娱乐费、摄影费、会议纪念品费、服务人员费用等。

二、会议成本的计算

$$\text{会议成本}=2\times3[(G+S)\times T]\cdot n+\text{显性成本}$$
$$=6(G+S)T\cdot n+\text{显性成本}$$

公式中：

G——参加会议人员的每小时人均工资数；

S——参加会议人员每小时人均其他收入数；

T——参加会议人员人均到会时间；

n——参加会议人数；

显性成本——等于支票开支、现金开支和实物开支的总和。

以上公式说明，一般而言：

（1）与会者个人每小时工资加上每小时其他收入之和乘以实际参加会议时间，即得到个人此项时间价值，所有参加会议人员的时间价值之和，即为会议花费的时间价值。

（2）因会议时间而减少的个人工资与其他收入之和以外的劳动产值，个人劳动产值应为其工资和其他收入的三倍，即第（1）项的值乘以3。

（3）因会议时间引起经常性领导工作停顿而造成的损失，以（1）、（2）项之和的两倍计算。

例：某企业召开办公室扩大会议，参加人员为总经理、副总经理、各职能部门的正副经理、办公室正副主任和职工代表等，共30人，会议文秘人员和其他服务人员4人，会议时间为5小时。

参加会议人员月平均工资为2 640元，其他收入528元。如果按照一个月22个工作日，一天工作8小时计算，则每小时平均工资15元，其他收入3元。

会议显性成本有：文件材料费90元，饮料费70元，因会议紧张安排午餐，午餐费300元，总计460元。

则：

$$
\begin{aligned}
会议成本 &= 6\times(15+3)\times5\times34+460\\
&= 18\,360+460\\
&= 18\,820(元)
\end{aligned}
$$

以上显示的仅是企业内部的小型会议，34人就花费18 820元，人均约553元，由此可见，如果是地理位置分散的大型会议，其会议成本则会非常高。

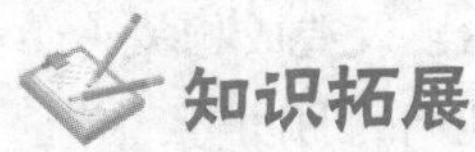

知识拓展

会议经费的结算工作

会议经费的结算依据是会前经费预算。会议召开之前应拟定会议开支预算，并经领导审核批准。准备专门账册，对会议的各项开支进行详细记录。会议结束后，会议财务工作人员、秘书应按照经领导审定的预算进行决算。一切会议都宜遵循勤俭节约的原则，精打细算，尽量减少不必要的开支，但要保证会议的质量和档次。超过预算指标，又无正当理由的不予报销。要做好会议经费的结算工作，及时向领导汇报，并向财务部门报销。

一、会议的收费与付费方法

1. 收款的方法与时机

有些会议中与会人员要向主办方支付一些必要的费用（如资料费、培训费、住宿费、餐饮费等），所以应注意如下事项。

（1）应在会议通知或预订表格中，详细注明收费的标准和方法。

（2）应注明与会人员可采用的支付方式（如现金、支票、信用卡等）。

（3）如用信用卡收费，应问清姓名、卡号、有效期等。

（4）开具发票的工作人员事先要与财务部门确定正确的收费开票程序，不能出任何差错。另外，如果有些项目无法开具正式发票时，应与会议代表协商，开具收据或证明。

2. 付款的方法和时间表

会议经费的付款方法与时间一览表

设施和服务		付款的方法和时间
演讲者	事先确定费用	在活动之后支付给演讲者
食品饮料	事先商定费用	预订时交订金；活动之后按支出的金额开发票——支票结账

（续表）

设施和服务		付款的方法和时间
会议地点	事先商定费用	预订时交订金；活动之后按支出的金额开发票——支票结账
其他费用的偿付	事先确定的费用；活动之后开具账单	收到账单批准后用支票付款
文具和打印	活动之前申请和安排；活动之前可用零用现金购买	零用现金偿付；文具订购事先开发票和付款
音像辅助设备	活动之前确定租用费用	活动之后为租用费用开发票和结账

二、会议付费的要求

（1）会议经费的名称要规范。

（2）遵守公司零用现金、消费价格及用品报销的各种财务制度和规定。

相关链接

会议相关费用怎么算

1. 交通费用

（1）出发地至会务地的交通费用——包括航班、铁路、客轮，以及目的地车站、机场、码头至住宿地的交通费用。

（2）会议期间交通费用——主要是会务地交通费用，包括住宿地至会所的交通、会所到餐饮地点的交通、会所到商务交际场地的交通、商务考察交通以及其他与会人员可能使用的预定交通费用。

（3）欢送及返程交通费用——包括航班、铁路、公路、客轮及住宿地至机场、车站的交通费用。

2. 会议室/厅费用

（1）会议场地租金——通常而言，场地的租赁已经包含某些常用设施，譬如激光指示笔、音响系统、桌椅、主席台、白板或者黑板、油性笔、粉笔等，但一些非常规设施并不涵盖在内，比如投影设备、临时性的装饰物、展架等，需要加装非主席台发言线路时也可能需要另外的费用。

（2）会议设施租赁费用——此部分费用主要是租赁一些特殊设备，如投影仪、笔记本电脑、移动式同声翻译系统、会场展示系统、多媒体系统、摄录设备等，租赁时通常需要支付一定的使用保证金，租赁费用中包括设备的技术支持与维护费用。

（3）会场布置费用——如果不是特殊要求，通常而言此部分费用包含在会场租赁费用中。如果有特殊要求，其花费另行计算。

（4）其他支持费用——这些支持通常包括广告及印刷、礼仪、运输与仓储、娱乐保健、公共关系等。

3. 住宿费用

正常的住宿费除与酒店星级标准、房型等因素有关，还与客房内开放的服务项目有关，比如客房内的长途通讯、洗换、迷你吧酒水、一次性换洗衣物、互联网、水果提供等服务。会议主办方应明确酒店应当关闭或者开放的服务项目及范围。

4. 餐饮费用

会议的餐饮费用可以很简单，也可以很复杂，这取决于会议议程需要及会议目的。

（1）早餐——通常是自助餐，当然也可以采取围桌式就餐，费用按人数计算即可。

（2）午餐及晚餐——可以采取人数计算（自助餐形式），也可以采取按桌计算（围桌形式）。如果主办方希望酒水消费自行采购，餐饮可能会收取一定数量的服务费用。

（3）酒水及服务费——通常如果在高星级酒店餐厅就餐，餐厅是谢绝主办方自行外带酒水消费的，如果可以外带酒水消费，餐厅通常需要加收服务费。在高星级酒店举办会议宴会，通常在基本消费水准的基础上加收15%左右的服务费。

酒水通常要加收服务费

会场茶歇准备

（4）会场茶歇——此项费用基本是按人数计算的。通常情况下，茶歇可以分为西式和中式两种：西式基本上以咖啡、红茶、西式点心、水果为主；中式则以开水、绿茶或者花茶、果茶、水果、咖啡、水果及点心为主。

（5）联谊酒会/舞会——联谊酒会/舞会可能比单独的宴会复杂，关键是餐饮标准与规模，以及节目支持的相关费用。

5. 视听设备

除非会议在室外进行，否则视听设备的费用通常可以忽略。如果为了会议的公共关系效果而不得不在室外进行，视听设备则必须计算在其中，主要包括以下三类费用：

（1）设备本身的租赁费用，通常按天计算。

（2）设备的运输、安装调试及控制技术人员的支持费用。

（3）音源——主要是背景音乐及娱乐音乐选择，主办者可自带，也可委托代理。

任务七　会务工作的总结

1. 知识目标：知道会务工作总结的内容和方法。
2. 能力目标：做好会议总结工作。
3. 情感目标：形成耐心细致的工作作风和谦虚谨慎的工作态度。

任务情境

为期一周的新产品推介会开得非常成功，不仅有效地宣传了本公司的新产品，而且在推介会后，立即有若干家相关企业向公司提出合作事宜，有的还提出了购买的意向。公司领导非常满意本次会议的成果，要求秘书将本次会议的会务工作进行总结，并向整个公司下发，同时奖励相关会务工作人员。

任务分析

做好会务工作总结，及时发现问题、总结经验，可为以后的会务工作提供借鉴和动力。会务工作总结应当及时、全面、公正、客观、准确。作为秘书，应当明确会务工作总结的内容，并采用适当的方式方法，才能不断提高自身的工作能力，更好地完成工作任务。

能力训练

活动一：模拟新产品推介会。

学生分组进行新产品推介活动，有的扮演宣传组负责宣传资料发放，有的负责新产品特点介绍，有的进行接待工作，有的则扮演相关企业单位代表。

活动二：拟写工作总结。

根据课上的活动，请学生拟写会务工作总结。

练一练

请根据案例内容写一份会务总结，不足内容请自行补充。

____

____

____

相关知识

会议结束后，秘书人员应当协助领导做好会务工作总结，以及时发现问题、总结经验，为做好以后的会务工作提供借鉴和动力。会务工作的总结应当及时、全面、公正、客观、准确。

一、会务工作总结的目的

（1）检查会议目标的实现情况。

（2）检查各小组的分工执行情况。

（3）将员工的自我总结和集体总结相结合。

（4）总结经验、激励下属、提高工作水平。

二、会务工作总结的主要内容

（1）检查会议预案所制定的各项会务工作是否准确到位，有无脱节现象。

（2）检查会务工作机构各部门之间的协调状况。

（3）检查每个会务工作人员是否达到最佳工作状态。

（4）在提高会议效率方面，无论是组织还是个人，可以改进的方面。

三、会务工作总结的方法

（1）会务工作人员会后进行个人书面小结。

（2）各会务工作部门分别进行小组总结和相互评议。

（3）必要时进行大会交流、总结、表彰。

（4）有质量的书面总结或研读，可以用简报的形式分发，并收集、整理、归档。

相关链接

某公司某会务工作总结

20××年×月×日至×日，×××论证会在×××风景区召开，本次会议由××主办，××承办，具体由××负责。本次会议，无论在人数上还是规模上，都是一次高规格、大规模的隆重接待。会议期间，我公司圆满完成了筹备工作领导小组安排的各项任务，展示了公司的接待能力和服务水平，现总结如下。

一、节俭高效，各负其责

本着“节俭、高效办会”的原则，为切实做好本次论证会的会议服务工作，我司仅提前五天成立了会议筹备工作领导小组，统筹协调有关会务工作。筹备工作领导小组成立以后，结合本次会议特点，下设了综合协调、秘书、会务、宣传报道和安全保卫五个工作组，明确划分了各小组的工作任务，提出了具体的工作要求，确定了工作时限。各工作组又将分工的各项任务再次细化，在筹备人员的一致努力下，各项工作环环相扣，井然有序，确保了本次会议得以顺利召开。

二、群策群力，大胆创新

本次会务接待工作由××同志亲自挂帅，精心组织，全面指挥。会务组所有工作人员心往一起想、劲往一处使，团结协作，敢打敢拼。大家分工不分家，在做好各自工作的同时，遇到会务组的重要任务、大型活动时，大家都是齐心协力，一齐上阵，基本上接待地点的每一个场所，都留下了每个筹备人员忙碌的身影。应该说，会务组任务的圆满完成，是所有筹备人员顽强拼博、共同努力的结果。

三、主要做法

各工作组分别按接待方案的要求分工，在经过大家的共同协商和反复推敲，确保万无一失后方组织实施。

1. 综合协调组

自接到会议通知后，立即召集相关人员召开会议，为切实做好会务接待工作，加班加点对各工作组的方案进行了修改，确保万无一失后方组织实施。

2. 秘书组

根据召开会议的要求，马上进行了会议所需汇报材料的收集工作，经过五天多的加班加点、昼夜工作和专人跟踪落实，确保了会议上汇报材料的详实无误；在准备汇报材料的同时，拟定筹备工作方案、编制会议服务指南、拟定欢迎词等会议室的各项筹备工作，确保了本次会议的顺利召开；同时还负责了会场的全过程录音、录像和拍照，做好了会议的后勤服务工作。

3. 会务组

自会务组成立开始，一是马上进行了来宾名单和行程的汇总收集工作，经过一天的加班加点、昼夜工作和专人跟踪落实，确保了四十余名重要来宾及团组名单和行程的详实无误；二是在做好名单汇总的同时，在会前提前对彭水县摩围山风景区的房间类型和数量进行了落实，同时根据来宾名单的随时变化不断进行调整，有效地进行了食宿的安排与部署；三是来宾的注册签到，落实专人在风景区接口处负责参会代表和工作人员的报到、接待工作，发放房间号牌；四是整个会场的布置，包括会场会标的制作、张挂，座位牌的制作摆放，策划、营造宾馆、会场周围的氛围，会场服务(茶水供应，每5分钟加一次开水)，落实会议室地点等；五是纪念品，由各县外来宾的驾驶员代为领取，方便了来宾，节约了时间；六是会议结束后，指定了专人对开销费用进行统结。各相关负责人对所使用设备、剩余物资、可重复使用物资进行了收回入库并登记。经过这些统筹安排，会务组为领导和专家在会议期间提供了切实的保障和周到的服务。

4. 宣传报道组

为切实做好宣传报道工作，一是借调了一名经验丰富的工作人员，来指导我司工作人员制作PPT汇报材料；二是积极主动地联系电视台、报社记者，及时报道会议新闻；

三是做好了会场所需仪器设备的安装和调试工作，确保了会议的顺利召开。

5. 安全保卫组

包括会议车辆调度和安全保卫工作。车辆调度工作，根据每天的活动情况和会务组的需求统筹安排，整体协调，并借调了四部车辆，为运输物质、车辆引道、油料保障、会务其他用车提供了有力的保障。负责领导、专家住地和会场的秩序维护和安全保卫工作，确保了本次会议无安全事故或险情发生。安全保卫组圆满地完成了筹备工作领导小组安排的各项工作。

四、主要经验

1. 及早策划，明确要求，精心准备

秘书组对会务工作进行了全面的策划和准备，根据分工负责，全力以赴，环环相扣，精诚协作的总要求，统一了思想，协调了步调，所有成员都以竭诚提供服务为己任。

2. 抓住重点，强化执行

会务组把行程安排作为一个重要的环节，在一开始就予以高度重视。会务组指派专人，主动联系领导和专家，克服困难（有的专家一时定不下自己的行程，会务组人员耐心予以关注），对会议的如期召开做出了自己的努力。

3. 借助酒店优势，及时分发资料

在会场布置过程中，需要分发给每个房间的水果、点心，会务组都通过酒店服务员及时送到位。既节省了人力，也可避免某些不必要的困难和对专家造成的干扰。

总之，本次会务接待工作紧张有序，充分展示了公司全体人员的蓬勃气象。全体会务筹备工作人员能树立大局观和一盘棋思想，各负其责，分工不分家，加班加点，对交叉性工作加强沟通、相互衔接、相互帮助，确保各项工作高效率运转、高质量完成，圆满地完成了筹备领导小组交办的各项工作任务。

任务八　会议纪要

学习目标

1. 知识目标：知道会议纪要的特点、类型；掌握会议纪要的拟写格式和写作要点。
2. 能力目标：能拟写会议纪要。
3. 情感目标：养成实事求是的工作态度和谦虚谨慎的处事态度。

任务情境

班主任秦老师成功地召开了一次主题班会，班会的主题是“我的职业梦想”。会上许多同学发表了自己的观点，并决心向着梦想而努力学习奋斗。会后，秦老师感到这是一次非常有意义的主题班会，就会议的整体情况，请学生拟写一份会议纪要。

任务分析

为完整、准确地传达、贯彻会议精神，使会议决定的事项得到认真落实，日常工作会议后，一般都应印发会议纪要和会议决定办理事项通知。会议纪要的印发范围应根据会议性质和纪要内容确定。撰写会议纪要的人必须熟悉整个会议情况，客观如实地反映会议的精神。

能力训练

活动一：模拟主题班会。

任课教师可以事先让学生做一些课前准备，如请部分学生查找一些有关主题的材料。模拟主题班会，一位同学扮演班主任秦老师，一位同学扮演主持人，若干同学朗读查找的资料。

活动二：根据活动一拟写会议纪要。

根据课上的活动，请学生拟写会议纪要。

相关知识

一、会议纪要的适用范围和特点

会议纪要适用于记载、传达会议情况和议定事项，是一种在会议记录的基础上择要整理、概括提炼出来的反映会议精神和情况的公文。它通过记载会议基本情况、会议主要成果、会议议定事项，综合概括性地反映会议的基本精神，以便与会单位统一认识，在会后贯彻落实。因此会议纪要可以作为会议的总结性文件，供与会者向所在单位的领导汇报、向群众传达，也可以由上级机关发给参加会议的单位和所属下级单位，要求贯彻会议精神，共同遵守执行。所以，会议纪要有纪实性、概括性和指导性的特点。

（一）纪实性

会议纪要是根据会议的宗旨、议程、决议等整理而成的公文，它是对会议基本情况的纪实。会议纪要的撰写者，不能更动会议议定的事项，更不能随意改动会议上达成的共识和形成的决定。除此之外，撰写者也不能对会议内容进行评论。总之，会议纪要必须忠实反映会议的基本情况，传达会议议定的事项和形成的决议。会议纪要的纪实性特点，使其具有凭证作用和资料文献价值。特别是一些重要的会议纪要，多年后还会作为人们确认那段历史的依据。

（二）概括性

会议纪要并不是把会议的所有内容都原原本本地记录下来，它要有所综合、有所概括、有所选择、有所强调。在一个会议上，与会代表的话题涉及面是宽泛的，观点是多种多样的，水平也是有高有低的，这些内容全部记入会议纪要，不现实也不必要。会议纪要只需重点说明会议的主要参加者，基本议程，与会者的主要观点，最后达成了什么共识，形成了什么决定或决议，把会议的基本情况如实反映出来即可，不必像记流水账一样事无巨细一律照录。所以，会议纪要需要在会议后期甚至会议结束之后通过概括整理才能写出，而不像会议记录那样随会议的进行自然而然地产生。

（三）指导性

除凭证作用、资料作用之外，多数会议纪要具有指导工作的作用。它要传达会议情况、会议精神，要求与会单位和相关部门以此为依据展开工作，落实会议的议定事项。

二、 会议纪要的类型

会议纪要按其性质划分，主要有两种类型：办公性会议纪要和专题性会议纪要。

（一）办公性会议纪要

这种纪要主要是各级各类的机关、单位的领导层讨论、研讨日常重要工作，形成一致性意见后写成的会议纪要。这种会议一般是定期召开的办公会、例会，有固定的出席对象。如“××公司第×次经理办公会议纪要”、“校长办公会议纪要”等。

（二）专题性会议纪要

各机关、团体、企事业单位的领导人主持召开的研究某一方面或某一专门工作会议形成的纪要。这种会议纪要范围较大，有的涉及全国或省（市）范围或系统。如“全国农村工作会议纪要”、“××省旅游工作会议纪要”、“关于进一步改进和加强政府接待工作会议纪要”等。

三、 会议纪要的拟写

经过领导签发的会议纪要是会议的正式文件。这种文件应当简明扼要、观点鲜明、确切说明事项，不必发表议论和交代情况。具体有以下三点：

- 实事求是，忠于会议实际。
- 内容要集中概括，去芜取菁，提炼归纳。
- 要有条理，眉目清楚，使人一目了然。

（一）办公性会议纪要的拟写

1. 文头部分

可采用常规文件的文头格式，也可专门为会议纪要制作固定的文头，并套红印制。如：“市长办公会议纪要”、“区政府办公会议纪要”等。专用于会议纪要的文头，一般单列“第×期”，不用发文字号，在期号左下方印制发文单位全称，右下方印制发文日期。这种格式类似于简报。如：

××市×区人民政府办公会议纪要

第×期

××市×区人民政府办公室

××××年×月×日发

2. 标题

办公性会议纪要可采用三项式标题，把会议的议题写入标题，如“××市人民政府关于研究做好离退休干部服务工作的会议纪要”。也可采用两项式标题，省略发文机关，如“关于搞好国有大中型企业座谈会纪要”；有省略事由即会议议题的，如“××局办公会议纪要”等。

3. 正文

办公性会议纪要的正文包括两部分内容：

第一，会议概况。包括会议时间、地点、主持人、出席人、列席人等。出席人、列席人不多时，应写上职务、姓名；人数多时，可以写统称，如“各处、室，各公司、工厂负责人”等。如果是专门研究某项工作的会议，还应写上会议议题。会议概况可以分列写，也可以连贯写，在开头用一段文字概括。

第二，会议事项。一般用“会议议定事项如下”引起下文。议定事项较多的，应分条开列。会议达成的共识或做出的决定，应用“会议认为”、“会议决定”、“会议要求”等专用连接语起头。

办公性会议纪要一般不用落款，会议单位、会议日期和成文时间在文头和正文部分已有记载。

以下是一例文。

××市×区人民政府办公会议纪要

时间：××××年×月×日下午1：00

地点：211会议室

主持人：×××同志

出席者：（略）

列席者：（略）

会议研究决定事项如下：

一、×××同志传达了市加快奶牛发展、改善牛奶供应的会议精神和我区集体发展奶牛的安排。会议同意××××年首先在×××、×××、××三个乡镇发展奶牛700至1 000头，其他有条件的乡镇可以逐步发展。各有关部门要积极支持，提供方便。粮食部门要协同乡镇落实好饲料供应问题。

二、×××同志汇报了我区山前四个乡镇土地详查结果。会议同意由区划办公室将详查结果报市。

三、×××同志传达了市人防工作会议的精神，汇报了我区××××年人防工作的情况和××××年的工作安排。会议同意人防办公室的工作要本着加强维护、平战结合的原则，在保证人防工事安全的前提下，充分加以利用，发挥作用。

（二）专题性会议纪要的拟写

1. 文头部分

同办公性会议纪要。

2. 标题

一般由会议名称和“纪要”二字组成。

3. 正文

专题性会议纪要的正文一般由四部分组成。

第一，会议概况。专题性会议纪要除应介绍会议时间、地点、会议参加者等内容外，还应写明会议召集的机关、会议议题、出席会议并做出指示或讲话的领导人。有的还对会议做出适当的评价。

第二，会议过程。常用“会议听取了……汇报”、“会议传达了……文件（讲话、会议）精神”或“会议围绕……进行了热烈的讨论”等写法。

第三，会议主要精神。会议对所研究的工作，应肯定成绩，指出问题，特别是对今后工作的任务、方针、措施、要求等，要有明确的阐述和具体的规定。这一部分内容应做适当的理论分析，常用“会议认为”、“会议指出”、“会议强调”、“会议决定”、“会议要求”等纪要惯用语，并且常用列小标题的形式排列，以便于阅读掌握。

第四，会议号召。专题性会议纪要一般有一个结尾，向受文机关和单位发出希望和号召，激励和鼓舞有关单位和人员努力做工作。

以下是一例文。

关于进一步改进和加强政府接待工作

会 议 纪 要

×议［××××］×号

（××××年××月×日）

××××年××月×日下午，市政府秘书长×××在××宾馆主持召开会议，研究如何进一步改进和加强本市政府接待工作。市政府接待办、××（集团）联营公司、市政府办公厅联络处及××宾馆负责同志出席了会议。

会议传达了××市长最近有关搞好政府接待工作的谈话精神，并在总结政府接待工作的基础上，讨论了贯彻落实×市长谈话精神的具体措施。

会议认为，近年来，在市委、市政府领导的关怀下，经过各有关方面的共同努力，本市政府接待工作取得了一定的成绩，接待质量有了新的提高，来宾总的反映较好。但也要看到，接待工作还存在一些薄弱环节，达到的水平与市领导的要求还有较大差距。×市长最近有关搞好政府接待工作的谈话非常重要，各有关部门和单位要传达学习、认真落实。

会议指出，政府接待工作是政府工作的一个组成部分。做好这项工作，对于改善本市的形象、促进本市经济的发展，有着重要的意义。

会议经过充分讨论，议定了如下事项：

一、逐步改善××宾馆重点客房的条件。（略）

二、切实提高××等宾馆的服务质量。（略）

三、继续加强宾馆职工队伍的建设。(略)

四、逐步理顺全市政府接待工作的管理体制。(略)

五、筹备召开全市政府接待工作会议。(略)

会议最后强调，本市政府接待工作，要继续严格实行由市政府分管秘书长“审批一支笔”，由市政府办公厅联络处“联络一个口”的办法。同时，市政府接待办、市政府办公厅联络处、××公司要做到各有分工，及时通气，密切协作，三位一体，不断提高政府接待工作的水平。

知识拓展

会议纪要的印发

会议纪要写好核定后，就要发给有关方面执行。如果会议决定的事项涉及有关部门，可以将会议纪要发给他们，也可以由秘书部门从会议纪要上摘录出有关内容后通知他们。

印发会议纪要只限于日常工作会议，对于大型的会议和专业会议，因为都有正式文件和决议，一般不再印发会议纪要和决办事项通知之类的文件。

会议纪要未发出之前，会议还不能算结束。所以，秘书在拟定会议纪要后，应及时做好会议纪要的印发工作。

1. 确定印发范围

秘书应该根据会议的性质和纪要的内容来确定会议纪要的印发范围。会议纪要的印发范围应根据会议性质和纪要的内容确定。

(1)绝密级会议纪要只印发与会领导。

(2)一般级会议纪要可印发与会人员，并视情况加发会议内容、决定涉及的部门。

(3)有些保密性强的会议，不需部门知道纪要全部内容，只需他们知道有关会议决定事项，应印发会议决定事项通知，即决办通知。会议纪要、决办通知都要标明密级，进行编号。

2. 确认接收者

秘书应根据会议纪要的印发范围，发送到相应接收者手中，并落实接收者签字确认。

3. 签发会议执行

秘书在确认接收者后，将接收者签字确认的会议纪要加以校对，经由领导签字后统一印刷，盖章后发给会议决策执行人。如果会上取得一致的决策没有进一步的实施，印发会议纪要就显得毫无意义。

会议记录与会议纪要的联系与区别

1. 联系

会议纪要以会议记录为基本依据，根据会议记录整理而形成。

2. 区别

(1)作用不同：会议记录是会议内容和会议进程的客观反映，是日后分析、研究、整理会议内容的重要依据。会议纪要是记载和传达会议情况及其议定事项的书面材料，是在会议记录的基础上分析、提炼和综合而成的文件，主要是为传达会议精神而拟写。

（2）结构不同：会议记录的结构是：标题+会议组织情况+会议内容+结尾。会议纪要的结构是：文头+标题+正文（会议概况、会议事项、尾语）。

（3）特点不同：会议记录要求是快速记录，真实、准确、完整反映会议情况，要忠实地记录每个人的发言，来不及也不需要进行分析、归纳、理出要点。会议纪要需对会议的全面情况进行分析、归纳、整理，抓住会议主题和要点，反映会议结论性的意见，尤其要以会议主持者和其他与会领导者的意见为准。